한 그릇으로 즐기는
세계의 밥요리

한입에 덮밥과 볶음밥

요리 **김봉경**(한식) · **박건영**(중식) · **김다영**(일식) · **선보성**(양식)

수작걸다

〈한입에 덮밥과 볶음밥〉 책 보기 설명서

1 아침·점심·저녁·손님 초대 ▸▸▸

하루 세 끼, 아침·점심·저녁 몸의 리듬에 맞는 덮밥과 볶음밥을 맛보세요. 아침은 가볍고 점심은 든든하고 저녁은 몸을 보하는 건강한 메뉴로 선별했습니다. 손님 초대상에는 어디에 내놓아도 손색없는 일품요리를 소개합니다.

2 조리법에 따라 ▸▸▸
한식·중식·일식·양식 다양화

총 4명의 셰프가 '한 그릇으로 즐기는 세계의 밥요리'에 참여했습니다. 한식과 중식, 일식, 양식을 대표하는 셰프들의 특별한 레시피를 확인하세요. 색다른 조리법으로 탄생한 식재료의 변신에 주목해주세요.

3 일러두기 ▸▸▸
재료 및 분량 기준

- 모든 메뉴는 2인 기준입니다.
- 2인 기준 밥은 2공기(400g)입니다.
- 컵은 계량컵 기준으로 하였습니다.
- 계량컵 1컵=종이컵 1과1/9컵입니다.
- 양념류는 계량스푼 기준으로 하였습니다.
- 계량스푼 고추장 1큰술=밥숟가락 수북이 1큰술
- 계량스푼 생크림 1큰술=밥숟가락 1과1/3큰술
- 계량스푼 간장 1큰술=밥숟가락 1과1/3큰술
- 채소는 중간 크기, 1개 기준 200g입니다.
- 당근·애호박·감자·양파 1개씩=200g
- 부추·미나리·맛타리버섯 1줌씩=50g
- 대파 1줄=40cm, 마늘 1쪽=5g

CONTENTS

INFO

덮밥과 볶음밥 INFORMATION

1. 맛있는 덮밥과 볶음밥의 핵심 비법 ›› 12P
2. 맛을 결정짓는 소스의 세계 ›› 16P
3. 한식·중식·일식·양식 스타일별 곁들임 국물 ›› 20P

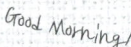

아침에 덮밥과 볶음밥

 한식
- 고기볶음&아삭이고추무침덮밥 ›› 30P
- 채소듬뿍강된장덮밥 ›› 32P
- 쇠고기미역볶음밥 ›› 33P
- 명란젓달걀볶음밥 ›› 34P
- 얼갈이쌈장새우볶음밥 ›› 36P

 일식
- 양배추볶음밥 ›› 37P
- 훈제연어소보로덮밥 ›› 40P
- 낫또마덮밥 ›› 42P
- 새송이베이컨볶음밥 ›› 43P

 중식
- 짜사이연두부덮밥 ›› 44P
- 오리지널볶음밥 ›› 46P
- 채소덮밥 ›› 47P
- 베이컨토마토볶음밥 ›› 48P

 양식
- 치킨크림스튜덮밥 ›› 49P
- 시금치오므라이스 ›› 52P
- 나시고랭 ›› 54P
- 토마토에그덮밥 ›› 55P

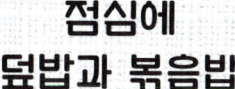

점심에
덮밥과 볶음밥

 일식
- 오야꼬덮밥 ›› 58P
- 미소크림볶음밥 ›› 60P
- 돼지고기부추덮밥 ›› 61P
- 타코야끼볶음밥 ›› 62P
- 스끼야끼볶음밥 ›› 63P
- 닭다리살볶음밥 ›› 64P

 한식
- 조갯살무침덮밥 ›› 68P
- 고추장소시지볶음밥 ›› 70P
- 간장불백깻잎덮밥 ›› 71P

 양식
- 트로피컬볶음밥 ›› 72P
- 베이컨크림리조또 ›› 73P
- 가지호박그라탱 ›› 74P
- 굴라시덮밥 ›› 76P

 중식
- 중식 오징어덮밥 ›› 77P
- 해물볶음밥 ›› 80P
- 게살볶음밥 ›› 81P
- 유산슬밥 ›› 82P

CONTENTS

저녁에 덮밥과 볶음밥

Good Evening!

 한식
- 깍두기삼겹살볶음밥 ›› 86P
- 인삼꼬꼬덮밥 ›› 88P
- 양파불오징어덮밥 ›› 89P
- 버섯잡채볶음밥 ›› 90P
- 매콤육개장볶음밥 ›› 91P

 일식
- 하야시라이스덮밥 ›› 94P
- 연어데리야끼덮밥 ›› 96P
- 가지피망볶음밥 ›› 97P
- 시금치새우볶음밥 ›› 98P

 중식
- 치킨볶음밥 ›› 99P
- 어향가지밥 ›› 100P
- 브로콜리우육밥 ›› 102P
- 차돌박이숙주볶음밥 ›› 103P

 양식
- 라따뚜이비프덮밥 ›› 106P
- 토마토해물리조또 ›› 108P
- 포크밸리필라프 ›› 109P
- 꽃게크림소스를 올린 볶음밥 ›› 110P

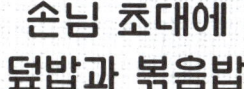

손님 초대에 덮밥과 볶음밥

- 소보로함바그덮밥 ›› 114P
- 튀김덮밥 ›› 116P
- 스테이크덮밥 ›› 117P

- 맥적마늘달래볶음밥 ›› 120P
- 시골외할머니게장덮밥 ›› 122P
- 양배추닭갈비덮밥 ›› 123P
- 갈비양상추마요덮밥 ›› 124P

- 해물토마토스튜덮밥 ›› 125P
- 찹스테이크덮밥 ›› 126P
- 탄두리치킨볶음밥 ›› 128P
- 바지락잠발라야 ›› 129P

- 중식 등심스테이크와 수란덮밥 ›› 132P
- 햄카레볶음밥 ›› 134P
- 라조육밥 ›› 135P
- XO전복볶음밥 ›› 136P

덮밥과 볶음밥
INFORMATION

1. 맛있는 덮밥과 볶음밥의 핵심 비법
2. 맛을 결정짓는 소스의 세계
3. 한식·중식·일식·양식 스타일별 곁들임 국물

[덮밥]
반찬이 될 만한 요리를 밥 위에 얹어 먹는 음식을 통틀어 이르는 말.

[볶음밥]
쌀밥에 당근, 쇠고기, 감자 따위를 잘게 썰어 넣고 기름에 볶아 만든 음식.

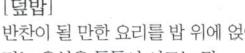
참고 국립국어원 표준국어대사전

1 덮밥과 볶음밥 INFORMATION

맛있는 덮밥과 볶음밥의 핵심 비법

by 김봉경 한식 요리연구가

"한식에서 덮밥과 볶음밥의 기본양념은 간장과 고추장, 된장, 김치국물입니다. 덮밥은 밥 위에 올리는 토핑 재료에, 볶음밥은 밥에 양념을 하지요. 재료의 식감을 살리고 담백함을 유지하는 게 맛의 핵심입니다."

한식 노하우

1 덮밥과 볶음밥용 밥은 고슬하게 짓는다

진밥을 사용하면 비볐을 때 밥이 뭉치기 때문에 식감이 떨어집니다. 평소 물 양의 80%만 넣어 밥을 지어 사용하세요.

2 찬밥은 반드시 미지근하게 데워 사용한다

찬밥이나 냉동밥으로 볶음밥을 할 요량이라면 전자레인지를 활용하세요. 해동되면서 찬밥과 냉동밥의 수분이 날아가 밥알이 살아 있는 볶음밥을 만들 수 있답니다.

3 향기 나는 채소부터 볶는다

달군 팬에 기름을 두르고 대파, 양파, 마늘 등을 먼저 볶고 밥이나 재료를 볶아주세요. 기름에 향이 배어 다른 재료와 볶았을 때 풍미를 더할 수 있어요.

4 덮밥에 얹는 메뉴의 간은 평소보다 더한다

덮밥은 밥에 비벼 먹기 때문에 양념이 조금 강해야 간이 맞게 느껴집니다. 덮밥에 얹는 메뉴는 평소보다 양념을 25~30% 더 추가해서 만들어주세요.

by 박건영 중식 셰프

"중식 덮밥과 볶음밥에 빠지지 않는 재료가 대파, 마늘, 생강을 섞은 '소송'입니다. 담백한 맛을 낼 때는 소송에 청주와 간장, 굴소스를 넣고 매콤한 맛을 원할 때는 소송에 두반장, 노간마, 치우차우 칠리오일 같은 장류를 넣어주지요."

중식 노하우

1 밥은 국자로 때리듯이 볶는다

밥을 볶을 때는 국자를 이용하세요. 국자를 위에서 아래로 향해 밥을 때리듯이 힘주어 볶아야 밥알 사이사이에 공기층이 형성되어 볶음밥의 맛과 풍미가 깊어집니다.

2 달걀과 대파는 반드시 준비한다

중식 볶음밥에 달걀과 대파는 필수 재료입니다. 달걀이 밥알을 코팅시켜 밥이 팬에 눌어붙는 것을 막고, 대파의 향이 볶음밥의 맛을 높여줍니다.

3 덮밥과 육수의 비율을 맞춘다

맛있는 덮밥의 기본은 덮밥 재료와 육수와의 비율에 있지요. 육수가 너무 많으면 물밥이 되고, 육수가 너무 적으면 목넘김이 거칠어집니다. 밥 1공기당(200g) 육수는 3/4컵이 적당합니다.

4 밥알 하나하나에 달걀을 묻힌다

볶음밥은 밥알에 달걀이 잘 묻어야 밥이 타지 않고 꼬들하게 오래 볶을 수 있지요. 스크램블이 50% 정도 익었을 때 밥을 넣어 볶는 게 비결입니다.

by 김다영 일식 요리연구가

"일식 덮밥과 볶음밥은 식재료의 맛을 최대한 살려 조리하는 게 특징이지요. 특히 볶음요리에는 식용유에 버터와 참기름을 섞어 쓰는데 특유의 고소한 맛을 살리면서 태우지 않고 조리하는 게 비결이에요. 요리의 맛과 향을 더해줍니다."

일식 노하우

1 육류와 해산물은 반드시 밑간한다

육류와 해산물은 청주, 맛술, 레몬즙, 간장 등으로 10분 이상 밑간하세요. 잡냄새가 제거되고 간이 스며들어 식재료의 맛을 상승시켜준답니다. 새우는 껍질을 벗겨 밑간해주세요.

2 볶음밥용 채소와 육류는 미리 볶는다

양배추, 피망, 고추 등 볶음밥용 채소는 미리 볶아놓았다가 나중에 밥과 섞이아 식감과 색감이 살지요. 육류의 잡냄새도 없애는 비결입니다.

3 덮밥 위에는 달걀물을 두른다

일식 덮밥은 달걀물을 두르는 경우가 많습니다. 이때 달걀은 노른자가 터지는 정도로만 풀어서 넣어요. 센 불에서 끓는 육수에 빙빙 2바퀴 정도 돌려서 팬 뚜껑을 덮고 원하는 만큼 익혀주세요.

4 해산물과 육류 재료에는 생강초절임을 활용한다

육류나 해산물이 들이긴 요리에 생강초절임을 곁들이면 잡냄새와 느끼함을 없애주지요. 덮밥 위에 토핑으로 올리거나 볶음밥 재료로 넣는 등 다양한 방법으로 활용해보세요.

by 선보성 양식 셰프

"양식에서 덮밥과 볶음밥은 쌀을 주재료로 하기보다 쌀을 이용한 요리에 가깝지요. 단순하게 쌀을 볶는 것에서 벗어나 다양한 육수와 함께 조리해 육수 자체의 깊은 맛과 식재료의 풍미를 높여주기도 합니다. 또한 여러 소스를 첨가해 음식의 풍미와 색감, 질감 등을 향상시키는 것도 특징입니다."

양식 노하우

1 밥은 미리 볶았다 식혀 넣는다

볶음밥용 밥은 올리브유, 소금, 후춧가루로 간해 볶았다가 식혀 넣으면 밥이 질거나 엉키지 않아요. 더 맛있는 볶음밥을 만들 수 있지요.

2 리조또쌀은 투명해질 때까지 볶는다

리조또쌀은 물기를 제거한 뒤 버터를 두른 팬에 다진 양파와 함께 볶아주세요. 육수를 조금씩 넣어가며 타지 않게 반복해 볶다가 쌀이 약 80% 익었을 때 차갑게 식혀 냉장보관합니다.

3 조개는 해감하고 새우는 내장을 제거한다

양식에 자주 사용되는 조개와 새우는 밑작업이 중요합니다. 조개는 해감을 제대로 못하면 음식 맛을 떨어뜨리지요. 새우도 내장을 말끔히 제거해야 깔끔한 맛을 냅니다.

4 덮밥용 소스는 마지막에 넣는다

덮밥에 들어가는 소스를 처음부터 재료와 함께 넣으면 소스가 졸아서 간이 세질 수 있습니다. 재료가 어느 정도 익었을 때 넣어주세요.

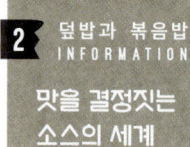

2 덮밥과 볶음밥 INFORMATION
맛을 결정짓는 소스의 세계

한식

고추장 소스 1컵 분량

소시지, 오징어, 삼겹살, 깍두기 같은 재료와 궁합이 좋고 제육볶음이나 떡볶이 소스로도 잘 어울리지요. 물 대신 채수나 육수를 넣으면 그 맛이 더 깊어집니다.

고추장·물 3큰술씩, 고춧가루·다진 파·맛술·올리고당 1과1/2큰술씩, 설탕 1큰술, 다진 마늘·간장·참기름 2/3큰술씩, 후춧가루 1/6작은술

1. 볼에 물, 고춧가루, 맛술, 설탕을 섞는다.
2. ❶에 고추장, 다진 파, 다진 마늘, 올리고당, 간장을 섞는다.
3. 참기름, 후춧가루를 더한다.

된장 소스 1컵 분량

된장은 깊은 맛과 풍미를 가지고 있지만 끝 맛이 약간 쓰지요. 소량의 올리고당이나 설탕만 넣어도 맛이 달라집니다. 매콤한 맛을 좋아한다면 고춧가루, 고추장, 다진 청양고추 등을 더하세요.

된장 1과1/3큰술, 다진 파 8큰술, 맛술 2큰술, 다진 마늘 1과1/3큰술, 간장·올리고당·참기름 2작은술씩

1. 볼에 된장, 맛술, 간장, 올리고당을 섞는다.
2. ❶에 다진 파, 다진 마늘을 넣어 섞는다.
3. 마지막에 참기름을 더한다.

간장 소스 1컵 분량

육류나 버섯, 채소가 들어간 덮밥과 볶음밥에 잘 어울리는 소스입니다. 간 양파를 넣으면 단맛이 더해져 재료의 풍미가 더 좋아져요. 불고기나 안동찜닭, 갈비찜 등의 양념에 활용해도 좋아요.

간장 5큰술, 다진 파 4큰술, 올리고당 3큰술, 간 양파 2큰술, 맛술·참기름·다진 마늘 1큰술씩, 후춧가루 1/5작은술

1. 볼에 간장, 올리고당, 맛술을 섞는다.
2. ❶에 다진 파, 간 양파, 다진 마늘을 섞는다.
3. 참기름, 후춧가루를 더한다.

고추기름 1컵 분량

중국에서 '라유'라고 불리는 소스로 매운맛과 색을 내어줍니다. 감칠맛과 고소한 냄새로 구미를 당기게 해 밥에도 잘 어울려요.

식용유 1과1/2컵, 굵은 고춧가루 1/2컵, 대파 1/3줄, 생강편 2쪽, 물 1/4큰술, 꽃소금 1/5작은술

1. 볼에 굵은 고춧가루와 물, 꽃소금을 섞는다.
2. 대파는 어슷썰어 생강편과 ❶에 넣고 버무린다.
3. 팬에 식용유를 붓고 200℃까지 끓인 뒤 ❷를 넣고 젓는다. 고추기름이 나오면 채반과 면포 위에 걸러 실온 보관한다.

파기름 1컵 분량

어떤 요리와도 어울리는 만능 기름입니다. 특히 해산물의 비린내 제거에 탁월하지요. 재료에 양파와 생강을 더하면 그 향이 더욱 깊어집니다.

식용유 1컵, 대파 1/3줄, 양파 1/10개, 생강편 2쪽

1. 대파는 반 갈라 5cm 길이로 썰고 양파는 0.5cm 두께로 썬다.
2. 냄비에 식용유와 ❶의 대파, 양파, 생강편을 넣어 끓이다 대파가 갈색이 되면 불을 끄고 식힌다.
3. ❷를 채반에 걸러 파기름만 모아 실온 보관한다.

XO 소스 1과1/2컵 분량

홍콩에서 처음 만들어진 고급 소스로 맵고 고소합니다.

식용유 2컵, 가쓰오부시 1컵, 알새우·스모크햄 100g씩, 키관자 1개, 쪽파 1/4단, 사천고추 7개, 청양고추 1개, 다진 마늘 3큰술, 굴소스 2와2/3큰술, 고춧가루 1큰술, 소금 1/2작은술

1. 알새우, 스모크햄, 키관자는 사방 0.3cm로 썬다.
2. 가쓰오부시, 쪽파, 사천고추, 청양고추는 0.2cm로 잘게 썰어 준비한다.
3. 팬에 식용유를 붓고 180℃로 달궈 ❶을 튀기다 반 정도 튀겨지면 불을 끄고 ❷와 다진 마늘, 고춧가루를 넣어 버무린다. 굴소스와 소금을 섞어 완성한다.

간장 소스 1컵 분량

돼지고기요리, 생선요리 등 다양한 일본요리에서 즐겨 사용되는 간장 베이스의 달달한 소스예요. 단맛이 싫다면 설탕의 양을 조절하세요. 다진 마늘과 생강즙이 깊은 소스 맛을 내줍니다.

간장·설탕 6큰술씩, 맛술·청주 3큰술씩, 다진 마늘 1큰술, 생강즙 1작은술

1. 볼에 간장과 설탕을 먼저 섞어 설탕을 녹인다.
2. ❶에 맛술, 청주, 다진 마늘, 생강즙을 넣고 섞는다.

미소 소스 1컵 분량

미소는 된장에 비해 짠맛이 덜하고 담백하지요. 채소, 오뎅볶음, 두부구이 등에 잘 어울립니다. 미소 소스를 만들 때 청주와 맛술을 함께 넣으면 재료의 잡냄새를 확실히 제거할 수 있어요. 요리에 단맛이 강하다면 맛술의 양을 줄여주세요.

미소·설탕·청주·참기름 3큰술씩, 맛술 2큰술

1. 볼에 미소와 설탕을 섞어 설탕부터 녹인다.
2. ❶에 청주와 맛술을 섞는다.
3. 참기름은 고소한 향이 남도록 마지막에 넣고 섞는다.

마요네즈 소스 1컵 분량

마요네즈에 간장을 섞으면 느끼함은 잡으면서 고소한 감칠맛을 낼 수 있지요. 새우, 문어 등이 들어가는 볶음밥이나 채소스틱 소스로 활용해보세요. 깨소금을 넣으면 고소함이 두 배인 소스가 되고, 와사비를 추가하면 매콤한 소스가 된답니다. 설탕 대신 올리고당을 넣어도 되어요.

마요네즈 10과1/2큰술, 간장·설탕 2와1/4큰술씩

1. 볼에 마요네즈, 간장을 넣고 섞는다.
2. ❶에 설탕을 넣고 소스와 분리되지 않도록 잘 섞어 녹여준다.

토마토 소스 1컵 분량

양식에서 빠질 수 없는 소스로 토마토로 농도를 조절해요.

토마토 4개, 양파 1/2개, 다진 마늘 1큰술, 올리브유 2큰술, 소금 1/4작은술, 후춧가루 1/8작은술, 화이트와인 1/4컵

1. 토마토는 끓는 물에 살짝 데쳐 껍질을 벗긴 뒤 8등분으로 자르고 양파는 다진다.
2. 냄비에 올리브유를 두르고 중간 불에서 다진 양파와 다진 마늘을 색이 날 때까지 볶는다.
3. ❷에 ❶의 토마토와 화이트와인, 소금·후춧가루를 넣고 볶다가 끓으면 약한 불로 20분간 졸인다.

데미글라스 소스 1컵 분량

쇠고기육수의 농후한 맛이 음식의 맛을 돋우어주지요.

토마토 1개, 셀러리 1/4대, 당근·양파 1/4개씩, 마늘 4쪽, 월계수잎 1장, 밀가루·버터 3큰술씩, 토마토페이스트 2큰술, 레드와인 1/2컵
쇠고기육수(2컵) 소뼈 100g, 셀러리·당근·양파 1/4개씩, 통후추 6알, 물 4컵

1. 토마토는 데쳐 껍질을 벗겨 4등분해 씨를 제거하고 채소는 사방 1cm로 자른다. 냄비에 버터를 둘러 마늘을 편썰어 볶다가 채소를 넣고 볶는다.
2. ❶에 밀가루, 토마토페이스트를 넣어 갈색이 될 때까지 볶고 쇠고기육수와 레드와인을 부어 끓인다.
3. ❷에 껍질을 벗긴 토마토와 월계수잎을 넣고 반으로 졸인 뒤 체에 걸러 완성한다.

버섯크림 소스 1컵 분량

우유나 생크림을 이용해 진하고 고소한 향이 납니다.

생크림 2컵, 양송이버섯·표고버섯·새송이버섯 1개씩, 양파 1/4개, 다진 마늘 1/2큰술, 다진 파슬리 1/2작은술, 버터 1큰술, 소금 1/8작은술, 후춧가루 약간

1. 버섯은 얇게 슬라이스하고 양파는 다진다.
2. 냄비에 버터를 둘러 다진 마늘, 버섯, 양파를 넣고 색이 나지 않게 볶다가 생크림을 붓고 약한 불에서 졸인다.
3. ❷가 반으로 줄면 다진 파슬리와 소금, 후춧가루를 넣고 완성한다.

3 덮밥과 볶음밥 INFORMATION

한식·중식·일식·양식 스타일별 곁들임 국물

오이채미역냉국

근대새우된장국

한식 덮밥과 볶음밥 + 국물

덮밥과 볶음밥에는 목넘김을 도와주는 국물을 곁들여주세요. 시원한 냉국과 된장국, 콩나물국 등 자극적이지 않은 국물이 한식 덮밥과 볶음밥의 맛을 해치지 않아요.

오이채미역냉국

미역 1/4컵(6g), 오이 1/3개, 홍고추 1/2개
불린 미역 밑간 국간장·식초·설탕 1큰술씩
냉국 양념 식초 1큰술, 설탕 1/2큰술, 소금 1/2작은술, 다진 마늘 1/4작은술, 생수 1과1/2컵

1. 미역은 물에 불려 끓는 물에 30초간 데친다.
2. 볼에 데친 미역과 국간장, 식초, 설탕을 넣고 버무려 밑간한다.
3. 오이는 0.3cm 두께로 채썰고 홍고추도 얇게 송송 썬다.
4. 볼에 냉국 양념을 넣어 냉국을 만들고 밑간한 미역과 오이채, 홍고추를 넣어 완성한다.

근대새우된장국

근대 1줌(150g), 새우 6마리,
청고추·홍고추 1/2개씩, 소금 1/2작은술
멸치육수(4컵) 멸치 2/3컵, 양파 1/4개, 무 2cm 두께 1/2토막, 다시마 5×5cm 2장, 청주 1작은술, 물 5컵
데친 근대 양념 된장 2큰술, 다진 마늘 1작은술, 고춧가루·고추장 1/2작은술씩

1. 냄비에 멸치육수 재료를 넣고 부르르 끓으면 다시마를 건지고 중약 불에서 10분 정도 끓여 멸치, 양파, 무를 건진다.
2. 근대는 줄기 끝부분을 1cm 정도 잘라 섬유질을 제거한 후 5cm 길이로 썰고, 소금 1/2작은술을 푼 끓는 소금물에 30초간 데친다.
3. 볼에 데친 근대와 된장, 다진 마늘, 고춧가루, 고추장을 넣고 버무린다.
4. 냄비에 멸치육수와 양념에 버무린 근대, 새우를 넣고 한소끔 끓으면 고추를 송송 썰어 넣는다.

감자고추장국

김치콩나물국

미역달걀국

미역달걀국

미역 1/4컵(6g), 달걀 1개, 국간장 1큰술,
참치액젓 1작은술, 청주 1/2작은술, 소금 약간
다시마육수(3컵) 다시마 5×5cm 2장, 물 4컵
불린 미역 양념 참기름 1작은술,
국간장 · 다진 마늘 1/2작은술씩

1. 냄비에 다시마육수 재료를 넣고 부르르 끓어오르면 다시마를 건진다.
2. 미역은 불렸다가 미역 양념을 섞어 버무려 밑간하고 달걀은 청주를 넣고 푼다.
3. 냄비에 다시마육수, 밑간한 미역을 넣고 한소끔 끓인 후 국간장, 참치액젓, 소금을 넣어 간한다.
4. ❸에 달걀물을 천천히 부어 익혀 완성한다.

감자고추장국

감자 1개, 대파 1/4줄, 양파 · 청고추 · 홍고추 1/2개씩, 고추장 1큰술, 국간장 1/2큰술
멸치육수(4컵) 멸치 2/3컵, 양파 1/4개, 무 2cm 두께 1/2토막, 다시마 5×5cm 2장, 청주 1작은술, 물 5컵

1. 냄비에 멸치육수 재료를 넣고 부르르 끓으면 다시마를 건지고 중약 불에서 10분 정도 끓여 멸치, 양파, 무를 건진다.
2. 감자는 길이로 반 잘라 0.5cm 두께로 썰고, 양파는 먹기 좋게 썬다. 대파와 고추는 송송 썬다.
3. 냄비에 멸치육수를 붓고 감자와 양파, 고추장, 국간장을 넣고 한소끔 끓인다.
4. ❸에 송송 썬 대파와 고추를 넣어 완성한다.

김치콩나물국

콩나물 1/2봉지(150g), 김치 2/3컵, 청양고추 1/2개, 국간장 1큰술, 소금 약간
멸치육수(4컵) 멸치 2/3컵, 양파 1/4개, 무 2cm 두께 1/2토막, 다시마 5×5cm 2장, 청주 1작은술, 물 5컵

1. 냄비에 멸치육수 재료를 넣고 부르르 끓으면 다시마를 건지고 중약 불에서 10분 정도 끓여 멸치, 양파, 무를 건진다.
2. 콩나물은 깨끗이 씻고 김치는 먹기 좋게 썬다. 청양고추는 0.5cm 폭으로 송송 썬다.
3. 냄비에 멸치육수를 붓고 콩나물과 김치를 넣어 한소끔 끓인다.
4. 국간장과 소금으로 간하고, 송송 썬 청양고추를 넣어 완성한다.

중식 덮밥과 볶음밥 ✚ 국물

중식의 국물은 맑은 '청탕'과 우리의 곰탕과 비슷한 '농탕', 갖가지 좋은 재료를 넣고 12시간 이상 끓인 '상탕'으로 나뉩니다. 다양한 중식 국물을 덮밥과 볶음밥에 곁들여보세요.

짬뽕국물

모시조개 3개, 양파 1/3개, 호박 1/4개, 당근 1/5개, 부추 5줄, 달걀 1/2개, 고춧가루 1큰술, 굴소스·치킨파우더 1작은술씩, 소금 1/3작은술, 후춧가루 약간
닭육수(2컵) 닭뼈 150g, 대파 1줄, 생강편 2쪽, 물 5컵
향내기 고추기름 1큰술, 대파 1/8줄, 마늘 2쪽, 다진 생강 약간, 청주 1/2작은술, 간장 1/3작은술

1. 냄비에 닭육수 재료를 넣고 센 불에서 끓이다 약한 불에서 40분 끓여 체에 밭친다.
2. 모시조개는 해감하고 양파, 호박, 당근, 부추는 길이 4cm, 두께 0.3cm로 채썬다.
3. 대파는 반 갈라 2.5cm로 썰고 마늘은 편썰어 다진 생강과 섞어 고추기름을 두른 팬에서 청주, 간장을 넣고 볶아 향을 낸다.
4. ❸에 ❷와 고춧가루를 넣고 볶다가 닭육수, 굴소스, 치킨파우더, 소금, 후춧가루를 더해 끓이다 달걀을 풀어낸다.

채소청탕

청경채·표고버섯·양송이버섯 1/2개씩, 새송이버섯 1/3개, 치킨파우더 2/3작은술, 소금 1/2작은술, 후춧가루 약간
닭육수(2컵) 닭뼈 150g, 대파 1줄, 생강편 2쪽, 물 5컵

1. 냄비에 닭육수 재료를 넣고 센 불에서 끓이다 약한 불에서 40분 끓여 체에 밭친다.
2. 청경채와 표고버섯, 양송이버섯, 새송이버섯은 사방 0.5cm 크기로 썬다.
3. 냄비에 닭육수를 붓고 ❷의 채소를 넣고 끓인다.
4. 한소끔 끓으면 치킨파우더와 소금, 후춧가루로 간해 끓인다.

채소청탕

짬뽕국물

새우완자미역국

알새우 150g, 미역 2/3컵, 간장·치킨파우더·소금 1작은술씩, 참기름·후춧가루 약간씩
닭육수(3컵) 닭뼈 200g, 대파 1과1/2줄, 생강편 3쪽, 물 6컵
새우 밑간 달걀흰자 1큰술, 감자전분 1작은술, 치킨파우더 1/4작은술, 후춧가루 약간

1. 냄비에 닭육수 재료를 넣고 센 불에서 끓이다 약한 불에서 40분 끓여 체에 밭친다.
2. 알새우는 다져서 밑간한 뒤 지름 1.5cm 크기로 완자를 만든다.
3. 미역은 불렸다 냄비에 참기름을 두르고 살짝 볶다가 간장을 넣어 다시 한 번 볶아 닭육수를 붓고 끓인다.
4. ❸에 ❷의 새우완자를 넣고 끓이다 완자가 익으면 치킨파우더, 소금, 후춧가루를 넣고 참기름 한 방울을 넣어 완성한다.

오이달걀국

오이 1/3개, 달걀 1/2개, 치킨파우더 2/3작은술, 소금 1/2작은술, 참기름·후춧가루 약간씩
닭육수(2컵) 닭뼈 150g, 대파 1줄, 생강편 2쪽, 물 5컵

1. 냄비에 닭육수 재료를 넣고 센 불에서 끓이다 약한 불에서 40분 끓여 체에 밭친다.
2. 오이는 길이로 4등분해 얇게 썰고 달걀은 푼다.
3. 냄비에 닭육수와 소금을 넣어 한소끔 끓이다 오이와 치킨파우더, 후춧가루를 넣고 한 번 더 끓인다.
4. 끓어오르면 준비한 달걀물을 붓고 불을 끄고 먹기 직전에 참기름 한 방울을 넣는다.

청경채탕

청경채 1개, 생강 1/3톨, 치킨파우더 2/3작은술, 소금 1/2작은술, 후춧가루 약간
닭육수(2컵) 닭뼈 150g, 대파 1줄, 생강편 2쪽, 물 5컵

1. 냄비에 닭육수 재료를 넣고 센 불에서 끓이다 약한 불에서 40분 끓여 체에 밭친다.
2. 청경채는 6등분으로 자르고 생강은 사방 0.5cm 크기로 얇게 저민다.
3. 냄비에 닭육수를 붓고 청경채와 저민 생강, 치킨파우더, 소금, 후춧가루를 넣고 끓인다.

새우완자미역국
오이달걀국
청경채탕

덮밥과 볶음밥 ✚ 국물

일식의 국물은 미소 베이스의 된장국과 소금으로만 간한
맑은 국물이 대부분입니다. 건표고버섯이나 다시마,
가츠오부시 등을 우려낸 육수를 사용해 깊은 맛이 납니다.

버섯두부된장국

유부맑은국

유부맑은국
사각유부 10개, 무 2cm 두께 1/2토막, 양파 1/4개,
대파 1/8줄, 쯔유 3큰술, 소금 약간
가츠오육수(4와1/2컵) 가츠오부시 10g, 다시마 5×5cm
2장, 물 5컵

1. 사각유부는 1cm 두께로 자르고 무와 양파는
   채썬다. 대파는 어슷썬다.
2. 냄비에 물과 다시마를 넣고 7분간 끓여
   다시마는 건지고 불을 끈 뒤 가츠오부시를 넣고
   5분 정도 우려 건진다.
3. ❷에 채썬 무를 넣고 한소끔 끓이다 사각유부,
   양파채, 어슷썬 대파를 넣고 끓인다.
4. 끓어오르면 쯔유와 소금으로 간하여 완성한다.

버섯두부된장국
백만송이버섯 1/2줌, 두부 1/2모, 쪽파 1줄,
미소 2큰술
표고다시마육수(4컵) 건표고버섯 2개, 다시마 5×5cm
2장, 물 5컵

1. 냄비에 표고다시마육수 재료를 넣고 끓으면
   다시마와 표고버섯을 건진다.
2. 백만송이버섯은 결대로 손으로 찢어 준비하고
   ❶의 건진 표고버섯도 6등분한다. 두부는 사방
   2cm로 자르고 쪽파는 송송 썬다.
3. ❶에 미소를 풀고 ❷의 버섯과 두부를 넣고
   한소끔 끓인다.
4. 송송 썬 쪽파를 넣고 끓여 완성한다.

미역미소된장국
미역 3/4컵, 두부 1/2모, 대파 1/8줄, 미소 2큰술
다시마육수(4와1/2컵) 다시마 5×5cm 3장, 물 5컵

1. 미역은 물에 불려서 한입크기로 자른다.
2. 두부는 사방 2cm로 자르고 대파는 송송 썬다.
3. 냄비에 다시마육수 재료를 넣고 끓으면
   다시마를 건지고 미소를 푼다.
4. ❸에 미역과 두부를 넣고 한소끔 끓인 후 송송 썬
   대파를 넣고 끓인다.

모시조개맑은국

미역미소된장국

우엉미소된장국

모시조개맑은국
모시조개 2와1/2컵(300g), 청고추 1/2개,
소금 1/2큰술
모시조개 해감용 물 소금 1과1/2큰술, 물 3컵
다시마육수(4와1/2컵) 다시마 5×5cm 3장, 물 5컵
1. 볼에 해감용 물을 부어 모시조개를 해감한 뒤 문질러 깨끗이 씻는다. 청고추는 송송 썬다.
2. 냄비에 다시마육수 재료를 넣고 끓으면 다시마를 건진다.
3. ❷에 모시조개와 송송 썬 청고추, 소금을 넣어 간을 맞추고 한소끔 끓인다.

우엉미소된장국
우엉 15cm, 두부 1/2모, 미소 2큰술, 참기름 1/2큰술,
식초 약간
표고버섯육수(4컵) 건표고버섯 3개, 물 5컵
1. 우엉은 깨끗하게 씻어 채썰어 식초물에 담그고 두부는 사방 2cm 크기로 자른다.
2. 냄비에 표고버섯육수 재료를 넣고 끓어오르면 표고버섯을 건진다.
3. 냄비에 참기름을 두르고 우엉채를 넣고 볶는다.
4. ❸에 표고버섯육수를 붓고 미소를 풀어 한소끔 끓인다. 우엉이 익으면 두부를 넣고 끓인다.

양식 덮밥과 볶음밥 + 국물

양식에서 국물은 수프입니다. 닭육수와 채수, 조개육수 등 다양한 육수를 베이스로 만들지요. 덮밥과 볶음밥에 곁들이기 좋은 맑고 깔끔한 양식 수프를 소개합니다.

채소수프

당근·감자·애호박·양파 1/4개씩, 양배추 1/4통, 토마토 1/2개, 셀러리 1/4대, 월계수잎 2장, 바질잎 1장, 토마토페이스트 3큰술, 올리브유 2큰술, 다진 파슬리·소금 1/2작은술씩, 후춧가루 1/4작은술
채수(2컵) 가지·당근 1/2개씩, 애호박·양파 1/4개씩, 셀러리 1/2대, 마늘 2쪽, 물 5컵

1. 채수용 채소는 사방 2cm 크기로 잘라 냄비에 물과 함께 넣고 30분간 약한 불에서 끓여 체에 밭친다.
2. 당근, 감자, 애호박, 양파, 양배추, 토마토, 셀러리는 사방 0.5cm 크기로 썬다.
3. 냄비에 올리브유를 두르고 ❷의 채소를 볶다가 토마토페이스트를 넣는다. 채소가 어느 정도 익으면 채수와 월계수잎을 넣고 푹 끓여 소금과 후춧가루로 간한다.
4. 그릇에 담고 바질잎과 다진 파슬리를 올려낸다.

닭고기수프

닭가슴살 80g, 당근·감자·양파 1/4개씩, 셀러리 1/4대, 대파 흰부분 1/2줄, 올리브유 2큰술, 소금 1작은술, 다진 파슬리 1/2작은술, 후춧가루 1/4작은술
닭육수(2컵) 닭 1/4마리, 양파 1/2개, 셀러리 1/2대, 대파 흰부분 1/2줄, 마늘 3쪽, 월계수잎 2장, 통후추 8알, 물 5컵

1. 닭은 지방을 제거하고 깨끗이 씻은 뒤 냄비에 남은 닭육수 재료와 30분간 약한 불에서 끓여 체에 밭친다. 육수를 끓일 때 닭가슴살을 10분간 데쳐 건진다.
2. 익힌 닭가슴살과 당근, 감자, 양파, 셀러리, 대파를 사방 0.5cm 크기로 썬다.
3. 냄비에 올리브유를 둘러 ❷를 넣고 볶다가 닭육수와 소금, 후춧가루를 넣고 푹 끓인다.
4. 그릇에 담고 다진 파슬리를 뿌려낸다.

양파수프

양파 2개, 월계수잎 1장, 버터 2큰술, 소금 1/2작은술, 후춧가루 1/4작은술
채수(2컵) 가지·당근 1/2개씩, 애호박·양파 1/4개씩, 셀러리 1/2대, 마늘 2쪽, 물 5컵

1. 채수용 채소는 사방 2cm 크기로 잘라 냄비에 물과 함께 넣고 30분간 약한 불에서 끓여 체에 밭친다.
2. 양파는 일정한 두께로 곱게 채썬다.
3. 냄비에 버터를 두르고 약한 불에서 양파가 진한 갈색이 될 때까지 볶은 뒤 채수를 붓는다.
4. 한소끔 끓으면 월계수잎을 넣고 소금과 후춧가루로 간을 한다.

채소수프

가스파초

토마토 4개, 셀러리 1대, 빨강 파프리카 · 오이 1/2개씩, 마늘 1쪽, 올리브유 2큰술, 식초 1큰술, 레몬즙 · 타바스코 1작은술씩, 소금 1/2작은술

1. 토마토는 꼭지를 제거하여 4등분하고 셀러리와 빨강 파프리카, 오이는 심지를 제거하고 껍질을 벗겨 듬성듬성 자른다.
2. 믹서에 ❶의 재료와 마늘, 올리브유, 식초, 레몬즙, 타바스코, 소금을 넣고 간다.
3. 고운 체에 ❷를 걸러 냉장실에 보관한 뒤 그릇에 담아낸다.

바지락수프

셀러리 1/2대, 양파 1/4개, 대파 1/4줄, 홍고추 1/2개, 다진 마늘 1/2큰술, 올리브유 1큰술, 소금 · 후춧가루 1/8작은술씩, 화이트와인 1/4컵
조개육수(2컵) 바지락 20개, 양파 1/4개, 대파 1/2줄, 마늘 4쪽, 월계수잎 5장, 통후추 10알, 물 6컵

1. 바지락은 해감시켜 냄비에 물과 양파, 대파, 마늘, 월계수잎, 통후추와 함께 넣고 끓여 체에 밭친다. 바지락의 반은 껍질째 두고 반은 살만 바른다.
2. 셀러리, 양파, 대파는 사방 1cm 크기로 썰고 홍고추는 씨를 빼내 얇게 슬라이스한다.
3. 냄비에 올리브유를 둘러 다진 마늘과 셀러리, 양파, 대파를 볶다가 어느 정도 익으면 ❶의 발라둔 바지락 살과 홍고추를 넣어 볶는다. 화이트와인을 붓고 끓인다.
4. 조개육수를 부어 한 번 더 끓여 그릇에 담는다.

닭고기수프

가스파쵸

바지락수프

양파수프

가볍게 시작하는 하루
아침에 덮밥과 볶음밥

덮밥과 볶음밥은 바쁜 아침에 후다닥 차려내기 좋은
한 그릇 요리입니다. 먹다 남은 찬밥으로 충분히 만들 수 있지요.
채소 중심으로 가볍게 낼 수 있는
덮밥과 볶음밥을 네 명의 셰프가 차렸습니다.

- 고기볶음&아삭이고추무침덮밥
- 채소듬뿍강된장덮밥
- 쇠고기미역볶음밥
- 명란젓달걀볶음밥
- 얼갈이쌈장새우볶음밥

- 양배추볶음밥
- 훈제연어소보로덮밥
- 낫또마덮밥
- 새송이베이컨볶음밥

- 짜사이연두부덮밥
- 오리지널볶음밥
- 채소덮밥
- 베이컨토마토볶음밥

- 치킨크림스튜덮밥
- 시금치오므라이스
- 나시고랭
- 토마토에그덮밥

고기볶음&아삭이고추무침덮밥

바쁜 아침에 차리기 좋은 덮밥입니다. 아삭이고추를 송송 썰어 고추장 양념에 무치고 냉동실에 쟁여둔 돼지고기를 양념해 볶기만 하면 되지요. 고기 대신 두부를 으깨 살짝 볶아 넣어도 맛있어요. 매운맛이 부담스럽다면 고추장 대신 된장을 넣으세요.

밥 2공기(400g), 돼지고기 다짐육 200g, 아삭이고추 5개, 올리브유 1/2큰술, 다진 마늘 1/2작은술
돼지고기 양념 간장 1과1/2큰술, 다진 양파 2큰술, 다진 파·설탕 1큰술씩,
다진 마늘·맛술·참기름 1/2큰술씩, 후춧가루 약간
아삭이고추무침 양념 고추장 1과1/3큰술, 올리고당 1/2큰술, 매실청·통깨·참기름 1작은술씩

1. 돼지고기 다짐육은 키친타월에 감싸 핏물을 제거한 뒤 양념에 재운다.
2. 아삭이고추는 꼭지 부분은 떼고 1cm 폭으로 송송 썬다.
3. 볼에 고추장과 올리고당, 매실청을 먼저 섞고 통깨와 참기름을 더해 아삭이고추무침 양념을 만든다.
4. ❸의 양념에 송송 썬 아삭이고추를 넣어 버무린다.
5. 중간 불로 달군 팬에 올리브유를 둘러 다진 마늘을 10~20초 노릇하게 볶다가 ❶의 양념에 재운 돼지고기 다짐육을 넣어 수분이 없어질 때까지 뭉치지 않게 볶는다.
6. 밥 위에 돼지고기볶음과 아삭이고추무침을 올린다.

여러 가지 채소를
큼직하게 썰어
강된장덮밥을
만들었어요.
각각의 채소에서
우러나온 맛으로
육수를 따로
내지 않아도
맛있답니다.
연근, 우엉, 감자를
넣으면 식감도
색달라요.

채소듬뿍강된장덮밥

밥 2공기(400g),
미니 새송이버섯 1컵,
가지·호박 1/3개씩,
양파 1/4개, 당근 1/5개,
올리브유 2/3큰술

강된장 소스
된장 2큰술, 고추장
2작은술, 다진 마늘·
참기름 1작은술씩,
설탕 1/2작은술, 다시마
5×5cm 1장, 물 1과1/4컵

녹말물 전분 1/2큰술,
물 1큰술

1. 미니 새송이버섯은 큰 것만 반 가르고 가지, 호박, 양파, 당근은 사방 1cm 크기로 썬다.
2. 중간 불로 달군 팬에 올리브유를 둘러 준비한 채소를 모두 넣고 볶는다.
3. 소스용 된장과 고추장은 물에 풀어 ❷에 섞은 뒤 나머지 소스 재료를 넣고 끓인다. 끓어오르면 다시마를 빼고, 중약 불에서 한소끔 끓인다.
4. ❸에 녹말물을 넣어 걸쭉하게 농도를 맞춘다.
5. 밥 위에 ❹의 채소듬뿍강된장을 올린다.

**채소는 충분히 볶은 뒤
양념해야 뭉개지지 않아**

채소는 달달 볶아 양념에 넣어야 단맛이 상승하고 뭉개지지 않아요. 달군 팬에 채소가 노릇해질 때까지 볶으면 소스에 넣어도 식감이 그대로 유지된답니다.

미역은 국, 찌개, 볶음, 무침 등 어디에나 잘 어울리는 재료예요. 오늘은 쇠고기와 미역으로 볶음밥을 만들어 보세요. 미역의 감칠맛이 볶음밥을 더 맛있게 만들어준답니다.

쇠고기미역볶음밥

밥 2공기(400g),
쇠고기 다짐육 100g,
미역 1/3컵(불린 미역 2/3컵), 당근 1/6개,
마늘 4쪽, 올리브유 1큰술, 소금 약간

쇠고기 양념
간 양파 · 간장 1큰술씩,
다진 파 · 올리고당 2/3큰술씩, 다진 마늘 · 참기름 · 맛술 1작은술씩,
후춧가루 약간

불린 미역 양념
국간장 1작은술,
다진 마늘 1/2작은술

1. 쇠고기 다짐육은 키친타월에 감싸 핏물을 제거한 후 양념에 10분간 재운다.
2. 미역은 물에 담가 10분 정도 불린 후 1cm 길이로 썰어 양념한다.
3. 당근은 사방 0.5cm 크기로 썰고 마늘은 같은 두께로 편썬다.
4. 중약 불로 달군 팬에 올리브유를 둘러 편썬 마늘을 노릇하게 볶고 당근도 볶는다.
5. ❹에 양념한 쇠고기 다짐육을 넣어 고기 색이 변할 때까지 볶다가 양념한 미역을 볶는다.
6. ❺에 밥을 넣어 밥알이 뭉치지 않게 주걱으로 가르듯이 볶아 소금으로 간한다.

불린 미역은 양념에 조물조물 재웠다 사용

불린 미역은 곧장 볶음밥에 넣지 말고 양념에 5분간 재웠다가 넣으세요. 밥에만 간을 하면 자칫 싱겁게 느껴질 수 있답니다. 국간장, 다진 마늘로 양념한 후 같이 볶아 주세요.

명란젓달걀볶음밥

명란젓은 쓰임새 많은 식재료예요. 어디에 넣어도 근사한 요리가 되지요. 냉동실에 묵혀둔 명란젓이 있다면 망설이지 말고 볶음밥 재료로 써보세요. 명란젓 한 개에 달걀 하나만 깨트려 볶아도 그 맛이 일품입니다. 짭조름한 명란젓이 들어가 다른 간을 하지 않아도 맛나지요. 입안에서 톡톡 터지는 명란의 식감은 덤이에요!

밥 2공기(400g), 저염 명란젓 1개(50g), 달걀 2개, 대파 1/4줄, 쪽파 2줄, 올리브유 1큰술, 다진 마늘 1/2큰술, 참기름 1작은술, 후춧가루 1/6작은술, 김가루 1/3컵

1. 명란젓은 반 갈라 펼친 후 속의 명란젓만 발라낸다.
2. 대파, 쪽파는 0.3cm 두께로 송송 썬다.
3. 중간 불로 달군 팬에 올리브유를 둘러 다진 마늘과 송송 썬 대파를 2분간 노릇하게 볶는다.
4. 볼에 달걀을 풀어 달걀물을 만든 뒤 ❸에 부어 스크램블한다.
5. ❹에 밥과 명란젓을 넣어 볶은 후 마지막에 참기름, 후춧가루를 더해 볶는다. 주걱으로 가르듯이 볶아야 밥알이 뭉치지 않는다.
6. 접시에 담고 김가루와 송송 썬 쪽파를 올린다.

된장국만 끓여 먹던 얼갈이를 볶음밥 재료로 사용했어요. 된장 대신 단맛이 가미된 쌈장으로 간하니 볶음밥이 더 맛있게 느껴지네요. 새우를 넣어 감칠맛과 식감을 더하세요.

얼갈이쌈장새우볶음밥

밥 2공기(400g),
얼갈이 1줌(120g),
새우 12마리, 마늘 5쪽,
올리브유 1과1/2큰술,
소금 1/2작은술
새우 밑간 맛술 1/2큰술,
다진 마늘 1/2작은술,
후춧가루 약간
양념 쌈장 1과1/3큰술,
다진 파 2큰술, 간장·
올리고당 1과1/2작은술씩,
맛술 1/2큰술,
다진 마늘 1작은술

1. 얼갈이는 소금 1/2작은술을 푼 끓는 소금물에 30초간 데쳐 찬물에 헹궈 1cm로 썬다.
2. 새우는 3등분하여 밑간에 5~10분 재우고, 마늘은 0.3cm 두께로 편썬다.
3. 중약 불로 달군 팬에 올리브유를 두른 후 편썬 마늘을 노릇하게 볶아 따로 담아둔다.
4. 마늘을 볶아낸 ❸의 팬에 데친 얼갈이와 밑간한 새우를 순서대로 넣어 볶다가 밥과 양념을 넣고 밥알이 뭉치지 않도록 주걱으로 가르듯 볶는다.
5. 접시에 얼갈이쌈장새우볶음밥을 담고 노릇하게 볶은 마늘을 토핑으로 올린다.

볶은 마늘은 따로 덜었다가 마지막에 넣기

마늘을 볶은 기름에 재료를 볶으면 기름에 마늘 향이 배어 볶음밥이 더욱 맛있어집니다. 이때 노릇하게 볶아낸 마늘은 따로 덜었다가 완성된 볶음밥 위에 뿌리면 근사한 토핑이 되어요.

달달한 미소 소스로 볶음밥을 만들었어요. 달콤하고 구수한 맛이 일품이지요. 양배추는 살짝 볶아 잔열로 익혀야 식감이 살아요. 다진 돼지고기 대신 베이컨이나 햄을 넣어도 좋습니다.

일식 양배추볶음밥

밥 2공기(400g), 다진 돼지고기 150g, 양배추 4장, 건고추 1개, 참기름·올리브유 1/2큰술씩, 소금 약간
돼지고기 밑간
맛술·청주 1작은술씩, 후춧가루 1/4작은술
미소 소스 미소·설탕·청주 1과1/2큰술씩, 참기름·맛술 1큰술씩

1. 다진 돼지고기는 밑간에 10분간 재운다.
2. 양배추는 사방 2cm 크기로 썰고 건고추는 0.5cm 폭으로 썬다.
3. 볼에 미소와 설탕을 넣고 먼저 섞은 뒤 남은 재료를 넣어 미소 소스를 만든다.
4. 달군 팬에 참기름과 올리브유를 두르고 양배추와 건고추, 소금 약간을 넣어 볶아 덜어낸다.
5. ❹의 팬에 밑간한 돼지고기를 약간 센 불에서 볶은 뒤 밥과 미소 소스를 빠르게 섞는다.
6. 덜어둔 채소볶음을 ❺에 섞어 그릇에 담는다.

육류 재료의 밑간은 볶음밥의 필수

볶음밥용 육류는 최소 10분은 밑간해야 잡내를 잡을 수 있어요. 부드럽게 즐기고 싶다면 배, 키위, 파인애플을 밑간에 넣으세요. 과일즙을 얼음판에 얼려 하나씩 꺼내 사용하면 편리해요.

• 채소듬뿍강된장덮밥

• 새송이베이컨볶음밥

• 명란젓달걀볶음밥

훈제연어소보로덮밥

훈제연어를 이용해 소보로덮밥을 만들었어요. '소보로'는 해산물이나 육류를 으깬 뒤 양념해 볶은 것을 뜻합니다. 훈제연어가 없다면 통조림 연어를 이용해도 맛있답니다. 당근처럼 컬러감을 더해줄 재료를 추가해 나만의 소보로덮밥을 만들어보세요.

밥 2공기(400g), 훈제연어 8조각, 시금치 1/2단, 올리브유 2큰술, 소금 1/4작은술
달걀물 달걀 4개, 맛술·설탕 1작은술씩, 소금 1/4작은술

1. 볼에 달걀을 풀어 맛술과 설탕, 소금을 넣고 휘핑기를 이용해 잘 섞는다. 달걀물에 맛술을 넣고 풀면 달걀의 비린 맛을 중화시켜준다.
2. 달군 팬에 올리브유 1큰술을 두르고 중간 불에서 ❶의 달걀물을 부어 스크램블하듯 주걱으로 잘게 자르듯 볶는다.
3. 시금치는 0.5cm 길이로 썰어 중간 불로 달군 팬에 올리브유 1/2큰술을 둘러 소금 1/4작은술을 넣고 숨이 죽는 정도로만 빠르게 볶는다.
4. 훈제연어는 중간 불로 달군 팬에 올리브유 1/2큰술을 둘러 앞뒤로 익힌 뒤 나무주걱으로 잘게 부스면서 볶는다.
5. 그릇에 밥을 담고 ❷❸❹를 올려 완성한다.

밭에서 나는 쇠고기 '낫또'와 산에서 나는 장어 '마'로 차린 건강한 덮밥이에요. 간장 대신 고추장과 참기름을 넣어 밥을 비벼 먹어도 별미랍니다. 겨자를 더하면 매콤하게 즐길 수 있어요.

낫또마덮밥

밥 2공기(400g),
낫또 2팩, 마 160g,
조미김 2장,
참기름 1큰술,
쯔유 2작은술,
겨자 1/2작은술

1. 마는 껍질을 벗기고 반은 사방 0.5cm 크기로 잘게 썰고 나머지는 강판에 간다.
2. 달군 팬에 참기름을 살짝 둘러 다진 마를 볶아 고소한 향을 입힌다.
3. 볼에 낫또와 볶은 마를 담고 쯔유와 겨자를 넣어 끈적임이 생기도록 고루 섞는다.
4. 조미김은 길이 3cm, 두께 0.3cm로 잘게 자른다.
5. 밥 위에 ❸을 담고 그 위에 ❶의 간 마와 조미김을 올려 완성한다.

마의 끈끈한 뮤신 성분은 갈았을 때 많이 나와

단백질의 흡수를 돕고 위벽을 보호하는 마의 뮤신 성분은 강판에 갈았을 때 많이 나옵니다. 끈적이는 식감이 부담스럽다면 마를 볶아 사용하세요. 끈적임은 사라지고 아삭한 맛이 살아나요.

어른, 아이 모두가 좋아하는 볶음밥입니다. 버터에 볶은 새송이버섯의 풍미가 식욕을 자극하지요. 조리 마지막 단계에 후춧가루 대신 통후추를 갈아 넣으면 매콤한 향도 더할 수 있어요.

새송이베이컨볶음밥

밥 2공기(400g), 새송이버섯 3개, 베이컨 6줄, 양파 1/4개, 마늘 2쪽, 쯔유 2큰술, 버터 1큰술, 후춧가루 약간

1. 새송이버섯은 길이로 반 갈라 지그재그 삼각 모양으로 썬다.
2. 베이컨은 2cm 길이로 썬다.
3. 양파는 잘게 다지고 마늘은 편썬다.
4. 달군 팬에 버터를 넣어 반쯤 녹으면 약한 불에서 ❸의 양파와 마늘을 넣고 향을 낸다.
5. 마늘 향이 나면 새송이버섯을 넣고 중간 불에서 볶다가 버섯이 노릇노릇해지면 쯔유를 더해 볶는다.
6. ❺에 베이컨과 후춧가루를 넣고 중간 불에서 볶다가 밥을 넣고 한 번 더 볶아낸다.

버터에 채소를 볶을 때는 반드시 약한 불에서

버터에 양파와 마늘을 볶으면 매운맛은 사라지고 버터 향이 가미되어 볶음밥의 풍미가 더욱 살지요. 버터는 잘 타기 때문에 반드시 약한 불에서 볶아야 채소에 향이 배어들 수 있습니다.

짜사이연두부덮밥

찬이 필요 없는 저칼로리 덮밥입니다. 부드럽게 넘어가는 연두부와 짜사이 특유의 식감이 어우러져 담백한 맛이지요. 연두부는 끓는 물에 살짝 데쳐 찬물에 식히면 조금 단단해져 요리하기가 수월해진답니다. 연두부는 팩의 모서리를 살짝 잘라서 꺼내야 부서지지 않아요.

밥 2공기(400g), 짜사이 40g, 연두부 1모, 청경채 1개, 후춧가루·참기름 약간씩
닭육수(1과1/2컵) 닭뼈 100g, 대파 1/4줄, 생강편 2쪽, 물 4컵
향내기 파기름 4큰술, 대파 1/8줄, 마늘 2쪽, 다진 생강 약간, 굴소스 5작은술, 청주·간장 1작은술씩
녹말물 전분 2작은술, 물 2큰술

1. 냄비에 닭육수 재료를 넣고 센 불에서 끓이다 한소끔 끓으면 약한 불에서 20분 끓여 체에 밭친다. 짜사이는 깨끗한 물에 20분 정도 담가 짠기를 없앤다.
2. 연두부는 듬성듬성 썰어놓고, 청경채는 뿌리와 잎 부분은 자르고 줄기만 채썬다.
3. 대파는 반 갈라 2.5cm 길이로 썰고 마늘은 편썬다. 팬에 파기름 P 017 참고을 둘러 대파와 마늘, 다진 생강을 볶다가 청주, 간장, 굴소스 순으로 넣어 향을 낸다.
4. ❸에 닭육수 1과1/2컵을 부어 한소끔 끓인다.
5. 끓어오르면 짠기를 뺀 짜사이와 연두부, 청경채를 넣고 한 번 더 끓여 후춧가루를 뿌린다.
6. 녹말물로 농도를 맞추고 밥에 올리기 직전에 참기름을 살짝 넣는다.

'차우판'이라 불리는 중식 볶음밥의 기본메뉴입니다. 은은한 대파 향이 일품이지요. 취향에 따라 재료를 넣고 볶으면 새로운 볶음밥이 됩니다. 밥은 고두밥으로 볶아야 더 맛있습니다.

🔴중식 오리지널볶음밥

밥 2공기(400g),
달걀 2개, 대파
1줄, 파기름 4큰술,
치킨파우더 2/3작은술,
소금 1/2작은술,
참기름 약간

1. 달걀은 노른자와 흰자를 잘 섞고 대파는 반 갈라 0.2cm 길이로 잘게 썬다.
2. 팬에 파기름 P 017 참고을 둘러 ❶의 달걀물을 부어 중간 불에서 스크램블에그를 만든다.
3. 달걀이 반 정도 익었을 때 밥을 넣어 고루 섞어 볶는다.
4. ❸에 잘게 썬 대파를 넣고 볶다가 치킨파우더와 소금을 넣고 간한다.
5. 그릇에 볶음밥을 담기 전 참기름을 살짝 넣는다.

갓 지은 밥은 고루 펴 수분기를 날려야

볶음밥용 밥은 평소보다 물 양을 적게 잡고 지은 고두밥이 적당합니다. 밥이 다 지어시면 넓은 접시에 고루 펴서 1시간 정도 수분기를 날려주세요. 재료와 볶을 때 밥알이 뭉치지 않아요.

냉장실에 남아 있는 자투리 채소로 뚝딱 만드는 덮밥을 준비했어요. 채소를 살짝 뜨거운 물에 데쳤다가 볶는 게 포인트이지요. 채소의 식감이 아삭하게 살아 요리의 맛을 높여줍니다.

채소덮밥

밥 2공기(400g),
양송이버섯·초고버섯 2개씩,
목이버섯 4개, 표고버섯·
새송이버섯·청경채
1개씩, 죽순·청피망·
홍피망 1/4개씩, 브로콜리
4송이, 치킨파우더·
소금 1작은술씩, 후춧가루·
참기름 약간씩
닭육수(1과1/2컵) 닭뼈 100g,
대파 1/2줄, 생강편 2쪽, 물 4컵
향내기 파기름 4큰술,
대파 1/4줄, 마늘 2쪽,
다진 생강 약간,
청주 1작은술
녹말물 전분 2작은술,
물 2큰술

1. 냄비에 닭육수 재료를 넣고 센 불에서 끓이다 한소끔 끓으면 약한 불에서 40분 더 끓여 체에 밭친다.
2. 새송이버섯과 죽순은 반 갈라 4cm 길이로 편썰고 피망은 2×4cm 크기로 썬다. 남은 버섯은 반 가르고 청경채는 줄기만 정리한다. 브로콜리까지 모두 끓는 물에 살짝 데친다.
3. 대파는 반 갈라 2.5cm 길이로 썰고 마늘은 편썬다. 팬에 파기름 P 017 참고을 둘러 대파와 마늘, 다진 생강을 볶다가 청주로 향을 낸다.
4. ❸에 데친 채소를 넣고 볶다가 닭육수를 붓고 한소끔 끓여 치킨파우더, 소금, 후춧가루로 간한다.
5. 녹말물로 농도를 맞추고 밥에 올리기 직전에 참기름을 살짝 넣는다.

데친 채소는 센 불에서 재빨리 볶아야

채소를 끓는 물에 살짝 데쳐 사용하면 조리시간을 빨리 앞당김은 물론 영양 손실을 줄일 수 있지요. 데친 채소는 달군 팬에 기름을 넣고 센 불로 재빨리 볶아야 아삭한 식감을 유지할 수 있습니다.

> 토마토는 명나라 시대 때부터 즐겨 먹기 시작해 지금까지도 사랑받고 있는 식재료예요. 특히 볶음밥 재료로 많이 쓰이지요. 달걀과 궁합이 좋아 다양한 중식요리에서 사용되고 있습니다.

중식 베이컨토마토볶음밥

밥 2공기(400g),
베이컨 5줄,
방울토마토 8개,
달걀 2개, 대파 1/2줄,
파기름 4큰술,
굴소스 2작은술,
치킨파우더 2/3작은술,
소금 1/5작은술,
참기름 약간

1. 방울토마토는 반 가르고 달걀은 잘 섞어 푼다. 대파는 반으로 갈라 0.2cm로 잘게 썬다.
2. 베이컨은 먹기 좋게 2cm로 썰어 파기름 P 017 참고 1큰술을 두른 팬에서 살짝 볶는다.
3. 팬에 남은 파기름을 두르고 달걀을 풀어 넣고 스크램블에그를 만들다 반 정도 익으면 밥을 넣고 볶는다.
4. ❸에 손질한 방울토마토와 대파, 볶은 베이컨을 넣고 볶다가 굴소스, 치킨파우더, 소금을 넣어 한 번 더 볶는다.
5. 그릇에 담기 전에 참기름으로 마무리한다.

토마토는 꼭지의 파인 홈에 칼집을 넣어 자르기

토마토는 꼭지 아래 살짝 들어간 홈에 칼집을 넣어 한 번에 잘라야 깔끔하게 잘리지요. 이렇게 자르면 토마토 즙이나 씨가 터지지 않아 요리가 깔끔해진답니다.

아침저녁으로 쌀쌀해지고 찬바람이 불면 찾게 되는 스튜로 덮밥을 만들었습니다. 채소를 많이 넣어 크림의 국물이 느끼하지 않지요. 입맛 없는 아침에 든든한 한 끼 식사로 손색없어요.

〔양식〕 치킨크림스튜덮밥

밥 2공기(400g),
닭가슴살 1/2쪽(50g),
양송이버섯 10개,
새송이버섯 5개,
빨강 파프리카 1/2개,
양파 1/4개, 브로콜리
1/8개, 다진 마늘 1/2큰술,
올리브유 1큰술
화이트 루 우유 1/4컵,
버터·밀가루 1큰술씩
크림 소스 우유 1컵,
생크림 1/2컵, 파마산치즈
1작은술, 소금 1/4작은술,
후춧가루 1/8작은술

1. 닭가슴살은 껍질을 벗겨 끓는 물에 넣어 익힌 다음 사방 2cm 크기로 썬다.
2. 양송이버섯은 4등분하고 새송이버섯, 빨강 파프리카, 양파, 브로콜리는 사방 2cm 크기로 썬다.
3. 약한 불의 팬에 버터를 녹이고 밀가루를 섞어 우유를 조금씩 넣어가며 화이트 루를 만든다.
4. 팬에 올리브유를 둘러 ①의 닭가슴살과 양송이버섯, 새송이버섯을 넣고 볶다가 색이 나면 남은 채소와 다진 마늘을 넣고 볶는다.
5. ④에 우유와 생크림을 넣어 뭉근하게 끓이다 ③의 화이트 루 1큰술로 농도를 맞춘 뒤 소금, 후춧가루, 파마산 치즈로 간한다.
6. 밥 위에 ⑤의 치킨크림스튜를 올린다.

화이트 루는 약한 불에서 생크림을 조금씩 넣어야

화이트 루는 너무 센 불에서 볶거나 오래 볶으면 스튜의 색까지 갈색으로 변해버리기 쉽습니다. 반드시 약한 불에서 생크림을 조금씩 넣으면서 만들어주세요.

• 채소덮밥

• 오리지널볶음밥

나시고랭

🟣 시금치오므라이스

시금치는 달걀과 잘 어울리는 식재료예요. 아이들이 좋아하는 두 재료로 오므라이스를 만들었습니다. 비주얼은 물론 영양 또한 든든하지요. 오므라이스 모양을 잡을 때는 담을 그릇을 활용하면 모양이 보다 깔끔하게 잡힙니다. 데미글라스 소스를 곁들이면 더욱 맛있게 즐길 수 있어요.

밥 2공기(400g), 다진 쇠고기 30g, 달걀 3개, 시금치 1~2포기, 양송이버섯 4개, 양파·당근·청피망 1/4개씩, 버터·올리브유 1큰술씩
쇠고기 밑간 소금·후춧가루 1/8작은술씩
데미글라스 소스(1컵) 토마토 1개, 셀러리 1/4대, 당근·양파 1/4개씩, 마늘 4쪽, 월계수잎 1장, 밀가루·버터 3큰술씩, 토마토페이스트 2큰술, 쇠고기육수 2컵, 레드와인 1/2컵

1. 달걀은 알끈을 제거해 잘 풀어 체에 내리고 데미글라스 소스 P 019 참고를 준비한다.
2. 다진 쇠고기는 소금과 후춧가루로 밑간해 10분간 둔다.
3. 시금치, 양송이버섯, 양파, 당근, 청피망은 사방 0.5cm 크기로 썬다.
4. 팬에 올리브유를 두르고 당근, 양파, 양송이버섯, 청피망 순으로 넣고 볶다가 채소가 익으면 밥을 풀어 1분간 살짝 볶아 그릇에 담는다.
5. 팬에 버터를 둘러 ❶의 달걀물을 부은 뒤 잘게 썬 시금치를 얹어 지단을 부친다.
6. ❹의 볶음밥 위에 ❺의 지단을 올려 모양을 잡는다. 데미글라스 소스를 함께 곁들인다.

인도네시아식 볶음밥으로, 밥을 뜻하는 '나시'와 볶는다는 뜻의 '고랭'이 합쳐져 만들어진 메뉴입니다. 밥을 찬물에 씻어 물기를 제거해 사용하면 찰기 없는 볶음밥을 즐길 수 있습니다.

나시고랭

밥 2공기(400g),
쇠고기 안심 35g,
생새우살 50g, 달걀 2개,
숙주 · 고수 1줌씩,
토마토 · 홍고추 1개씩,
당근 · 양파 1/4개씩,
오이 1/2개, 실파 2줄,
올리브유 3큰술,
다진 마늘 1/2큰술
쇠고기 밑간 소금 ·
후춧가루 1/8작은술씩
나시고랭 소스 굴소스 ·
스리랏차소스 1큰술씩,
피시소스 · 레몬즙
1작은술씩

1. 밥을 찬물에 씻어 전분기를 빼고 체에 밭쳐 물기를 제거한다.
2. 쇠고기 안심은 얇게 채썰어 10분간 밑간하고 나시고랭 소스를 만든다.
3. 고수는 잎만 뜯고 토마토와 오이는 슬라이스한다. 당근과 양파를 사방 0.5cm 크기로 썰고 홍고추와 실파는 송송 썬다.
4. 팬에 올리브유를 두르고 다진 마늘과 ❷의 밑간한 쇠고기를 볶다가 생새우살과 당근, 양파를 넣어 볶는다.
5. ❹에 숙주와 나시고랭 소스, 홍고추, 실파를 넣고 볶다가 ❶의 밥을 더해 볶는다.
6. 달걀물을 만들어 약한 불로 달군 팬에서 천천히 익히다가 ❺를 넣어 살짝 볶아낸다. 토마토와 오이, 고수를 곁들인다.

숙주는 밥 볶기 직전에 넣어야 식감도 살아

볶음밥은 센 불에서 빠르게 볶아야 맛도 좋습니다. 이때 재료는 단단한 재료부터 넣고 볶아주세요. 숙주는 가장 나중에 밥을 볶기 직전에 넣어야 아삭한 식감을 살릴 수 있어요.

> 토마토에그 덮밥은 새콤한 토마토 국물에 달걀을 넣어 더욱 부드럽고 깊은 맛을 느낄 수 있지요. 술 마신 다음날 해장요리로 추천해요. 속이 좋지 않은 아침에도 부담 없이 즐길 수 있는 메뉴입니다.

🟣 토마토에그덮밥

밥 2공기(400g),
칵테일새우 50g,
토마토 4개, 달걀 2개,
가지·양파 1/4개씩,
양송이버섯 6개,
올리브유 1큰술,
다진 마늘 1/2큰술,
모짜렐라치즈 1/4컵
채수(2컵) 토마토 1개,
가지 1/2개, 양파 1/4개,
양송이버섯 4개,
마늘 2쪽, 물 5컵
양념 토마토 소스 5큰술,
소금 1/2작은술,
후춧가루 1/4작은술

1. 채수용 채소는 사방 2cm 크기로 잘라 냄비에 물과 넣고 30분간 약한 불에서 끓여 체에 밭친다.
2. 토마토는 칼집내 끓는 물에 살짝 데친 뒤 찬물에 넣고 껍질을 벗겨 4등분한다. 가지, 양파, 양송이버섯은 사방 2cm 크기로 썬다.
3. 팬에 올리브유를 둘러 ❷의 토마토와 다진 마늘, 칵테일새우를 넣고 중간 불에서 5분간 볶는다.
4. ❸에 다듬은 채소를 넣고 볶다가 양념과 채수를 붓고 약한 불에서 끓인다.
5. 토마토와 채소가 뭉근하게 졸여지면 달걀의 모양이 흐트러지지 않게 넣고 모짜렐라치즈를 살짝 뿌려 녹인 뒤 밥 위에 올린다.

달걀은 국물을 끼얹어가며 익히기

달걀은 맨 마지막에 노른자가 터지지 않게 넣어주세요 노른자가 터지면 국물이 지저분해지고 맛도 깔끔하지 않지요. 스푼을 이용해 뜨거운 국물을 달걀 위로 끼얹어가며 익혀주세요.

한 그릇 안에 에너지가 듬뿍
점심에 덮밥과 볶음밥

하루 중 에너지 섭취가 가장 필요한 점심식사.
바쁜 일과를 보내다보면 제대로 차려 먹기가 쉽지 않습니다.
채소와 육류를 중심으로 빈속을 든든하게 채워줄 덮밥과
볶음밥을 만들었습니다.

일식
- 오야꼬덮밥
- 미소크림볶음밥
- 돼지고기부추덮밥
- 타코야끼볶음밥
- 스끼야끼볶음밥
- 닭다리살볶음밥

한식
- 조갯살무침덮밥
- 고추장소시지볶음밥
- 간장불백깻잎덮밥

양식
- 트로피컬볶음밥
- 베이컨크림리조또
- 가지호박그라탱
- 굴라시덮밥

중식
- 중식 오징어덮밥
- 해물볶음밥
- 게살볶음밥
- 유산슬밥

오야꼬덮밥

'오야꼬'는 부모와 자식을 뜻하는 단어이지요. 닭과 달걀이 들어간 덮밥이라 '오야꼬돈부리'라는 이름이 붙여졌답니다. 달콤짭짤한 육수에 닭고기와 달걀이 어우러져 밥과 함께 먹으면 그 맛이 으뜸이지요. 덜 익은 달걀이 싫다면 중간에 불을 끄지 말고 완벽하게 익혀서 드세요.

밥 2공기(400g), 닭다리정육(또는 닭가슴살) 300g, 달걀·표고버섯 4개씩, 양파 3/4개, 대파 1/2줄
닭고기 밑간 쯔유 1/2큰술, 맛술·청주 1작은술씩, 후춧가루 약간
오야꼬덮밥 소스 쯔유 4큰술, 다시마육수 1과1/2컵

1. 닭다리정육은 기름기를 제거하고 한입크기로 잘라 밑간한다.
2. 표고버섯, 양파는 채썰고 대파는 얇게 어슷썬다.
3. 볼에 달걀을 넣고 노른자가 풀어지는 정도로만 섞는다.
4. 팬에 오야꼬덮밥 소스를 부어 한소끔 끓으면 밑간한 닭고기정육과 채썬 표고버섯, 양파를 넣고 중간 불에서 10분간 끓인다.
5. 닭고기가 하얗게 익으면 대파를 넣어 ❸의 달걀물을 돌려가며 붓고 뚜껑을 덮는다.
6. 달걀이 70~80% 정도 익으면 불을 끄고 밥 위에 올린다.

미소에 치즈와
생크림을 더하면
고소하면서
크리미한
볶음밥 소스가
만들어집니다.
백미소는
숙성기간이 짧아
염도가 낮고
단맛이 강해
아이들도 좋아하는
맛이랍니다.

일식 미소크림볶음밥

밥 2공기(400g),
대패삼겹살 100g,
양배추 2장, 양파 1/4개,
당근 1/5개,
파마산치즈 1큰술,
올리브유 1/2큰술,
소금 · 후춧가루
1/4작은술씩
미소크림 소스
백미소 1/2큰술,
생크림 2큰술, 치즈 1장
삼겹살 밑간 맛술 1/2큰술,
후춧가루 약간

1. 팬에 소스용 치즈와 생크림을 넣고 약한 불에서 녹인 뒤 백미소를 풀고 불을 끈다.
2. 대패삼겹살은 2cm 크기로 잘라 밑간에 재운다.
3. 양배추는 사방 2cm로 썰고 양파와 당근은 곱게 다진다.
4. 달군 팬에 올리브유를 둘러 다진 양파를 볶다가 ❷의 밑간한 대패삼겹살, 다진 당근, 양배추 순으로 넣어 볶는다.
5. ❹에 밥과 ❶의 미소크림 소스를 넣고 볶아 소금과 후춧가루로 간하고 파마산치즈를 뿌린다.

치즈는 생크림에 녹여 미소와 섞어야 잘 어우러져

치즈는 약한 불에서 생크림에 녹인 후 미소에 섞어야 잘 어우러져요. 약한 불에서 서서히 팬을 돌려가며 녹이는 게 포인트예요. 센 불에서 녹이면 소스가 금방 끓어올라 타버릴 수 있답니다.

돼지고기와 부추가 궁합을 이루는 덮밥이에요. 특별한 점심이 생각날 때 만들어보세요. 매콤한 맛을 더하고 싶다면 간장 소스에 청양고추를 송송 썰어 넣으세요. 톡 쏘는 맛이 깔끔해요.

돼지고기부추덮밥

밥 2공기(400g),
돼지고기 목살 300g,
부추 1/4단, 양파 1/4개,
올리브유 1/2큰술

돼지고기 밑간
맛술 1큰술, 청주 1작은술씩,
후춧가루 약간

간장 소스
간장·설탕 2큰술씩,
맛술·청주 1큰술씩,
다진 마늘 1작은술,
생강즙 약간

1. 돼지고기 목살은 한입크기로 잘라 밑간에 재우고 분량의 재료를 섞어 간장 소스를 만든다.
2. 부추는 4~5cm 길이로 썰어 올리브유를 두른 팬에서 숨이 죽을 정도로만 볶는다.
3. 양파는 0.1cm 두께로 최대한 얇게 채썰어 물에 10~15분간 담가둔다.
4. 달군 팬에 밑간한 돼지고기를 굽는다. 고기가 노릇노릇해지면 ❶의 간장 소스를 넣고 중간 불에서 졸인다.
5. 밥 위에 ❷의 볶은 부추를 얹고 졸인 돼지고기와 물기를 제거한 양파채를 올려 완성한다.

소스는 절반씩 나눠 넣고 중간 불에서 졸여야

구운 돼지고기에 간장 소스를 한 번에 부어버리면 자칫 짜거나 타버릴 수 있어요. 소스의 절반만 먼저 넣고 남은 소스를 끼얹으면서 졸여야 고기에 고루 간이 잘 밴답니다.

타코야끼가 생각날 때는 타코야끼 소스로 볶음밥을 만들어보세요. 삶은 문어가 없다면 오징어, 낙지를 넣어도 좋지요. 볶음밥 위에 가츠오부시, 마요네즈를 뿌리면 더 맛나요.

타코야끼볶음밥

밥 2공기(400g),
삶은 문어다리 120g,
달걀 2개, 양배추 2장,
다진 파 · 생강채 절임
1큰술씩, 올리브유 2큰술,
후춧가루 1/4작은술
타코야끼 소스 우스터소스 ·
쯔유 1큰술씩,
설탕 1과1/2작은술,
토마토케첩 2작은술

1. 삶은 문어다리는 0.5cm 두께로 편썰고 양배추는 사방 2cm 크기로 썬다.
2. 볼에 분량의 재료를 섞어 타코야끼 소스를 만든다.
3. 달군 팬에 올리브유 1큰술을 두르고 양배추를 넣고 노릇노릇 볶아 덜어낸 뒤, 나머지 올리브유를 둘러 다진 파를 볶는다.
4. ❸에 달걀을 풀어 두르고 나무주걱으로 빠르게 휘저으며 스크램블한다. 편썬 문어다리와 후춧가루를 더해 볶는다.
5. ❹에 밥과 타코야끼 소스를 넣어 볶고 양배추를 섞어낸다. 그 위에 생강채 절임을 올린다.

양배추는 센 불에서 빠르게 볶아야 식감 유지

양배추를 먼저 올리브유에 볶으면 단맛이 증가해요. 양배추를 팬에서 너무 오래 볶으면 숨이 죽어 식감이 떨어지니 센 불에서 빠르게 볶아주세요.

남은 전골에 밥을 볶아 먹듯이 스끼야끼 재료로 볶음밥에 도전해보세요. 불고기만 있다면 자투리 채소를 넣고 뚝딱 만들 수 있답니다. 달걀을 추가하면 더 부드럽게 즐길 수 있어요.

일식 스끼야끼볶음밥

밥 2공기(400g),
쇠고기 불고기용 100g,
배추잎 2장, 표고버섯
1개, 쑥갓 1/4줌,
다진 파 1/2큰술,
올리브유 1큰술

쇠고기 밑간
간장·맛술 1/2큰술씩,
청주 1작은술,
후춧가루 약간

스끼야끼타레
가츠오다시·간장·
설탕 1큰술씩,
맛술 2작은술,
청주 1작은술

1. 불고기용 쇠고기는 키친타월에 얹어 핏물을 제거한 뒤 1cm 길이로 잘라 10분간 밑간한다.
2. 배추잎은 1cm 폭으로 채썰고 표고버섯은 모양을 살려 0.3cm 두께로 편썬다.
3. 쑥갓은 억센 부분은 제거해 2cm 길이로 썬다. 볼에 분량의 재료를 섞어 스끼야끼타레를 만든다.
4. 달군 팬에 올리브유를 두르고 다진 파를 볶아 향이 나면 밑간한 불고기용 쇠고기와 스끼야끼타레 1/2 분량을 넣고 볶는다.
5. ④에 채썬 배추잎과 편썬 표고버섯을 더해 볶다가 밥과 쑥갓, 남은 스끼야끼타레를 넣어 볶아 완성한다.

다진 파로 향을 낸 뒤 고기 볶기

고기를 볶을 때는 팬에 다진 파부터 볶아내세요. 기름에 파 향이 배어 쇠고기의 누린내를 잡아주고 풍미를 높여 준답니다. 배추잎, 쑥갓은 숨이 빨리 죽기 때문에 나중에 볶아야 식감이 좋아요.

닭다리살볶음밥

닭다리살과 느타리버섯을 볶아 쫄깃한 식감을 더한 볶음밥이에요. 함께 넣은 참나물 특유의 향이 육류와도 잘 어울리지요. 새로운 시도를 하고 싶다면 생크림과 우유를 추가해 볶아보세요. 순식간에 볶음밥이 풍미 가득한 크림리조또로 변신한답니다. 참나물이 없다면 시금치나 사보이양배추를 넣어도 좋아요.

밥 2공기(400g), 닭다리정육 150g, 느타리버섯 2줌(100g), 참나물 1/5단(25g), 양파 1/4개, 쯔유·올리브유 1큰술씩, 통후추 3~4알
닭고기 밑간 맛술·청주 1작은술씩, 소금·후춧가루 약간씩

1. 닭다리정육은 껍질과 기름기를 제거하고 한입크기로 잘라 밑간한다.
2. 느타리버섯은 먹기 좋은 크기로 결대로 찢고 양파는 다진다.
3. 참나물을 씻어서 억센 부분은 제거하고 4cm 길이로 자른다.
4. 달군 팬에 올리브유를 두르고 중간 불에서 다진 양파를 볶은 뒤 밑간한 닭다리정육을 볶는다.
5. ❹의 닭고기가 노릇노릇해지면 다듬은 느타리버섯과 참나물을 넣고 볶는다.
6. ❺에 밥과 쯔유, 통후추를 갈아 넣어 간하여 볶아낸다.

• 고추장소시지볶음밥

● 조갯살무침덮밥

오야꼬덮밥

조갯살무침덮밥

한낮에 나른함이 밀려오는 날에는 새콤달콤한 맛으로 몸의 에너지를
깨우세요. 데친 조갯살과 미나리를 고추장 양념에 무쳐 밥에 쓱쓱 비벼내면
맛있는 한 끼가 완성됩니다. 만들기도 쉬워 간단하게 즐기기 좋답니다.
미나리는 해독기능이 있어 해산물과 궁합이 좋지요. 미나리잎도 버리지 말고
같이 넣어서 드세요.

조갯살 1과1/3컵(250g), 미나리 1줌(60g), 양파 1/2개, 소금 1/2작은술
조갯살 데치는 물 청주 1/2큰술, 소금 1/3작은술, 물 1과1/2컵
조갯살 양념 고추장·식초 3큰술씩, 매실청 1과1/2큰술, 설탕 1큰술, 통깨·참기름 2작은술씩, 고춧가루 1작은술

1. 조갯살은 소금 1/2작은술을 녹인 물에 넣고 살살 저어가며 물에 한 번 헹군다.
2. 냄비에 청주와 소금을 섞은 물을 붓고 끓으면 중간 불에서 조갯살을 2분간 데쳐 체에 밭친다.
3. 미나리는 잎은 따로 떼어두고 줄기 부분만 4cm 길이로 썰고 양파는 0.3cm 두께로 썬다.
4. 볼에 조갯살 양념 재료를 넣고 섞는다. 통깨와 참기름은 가장 나중에 섞는다.
5. ❹에 삶은 조갯살과 미나리 줄기 부분, 양파채를 넣어 버무린다.
6. 밥 위에 ❺의 조갯살무침과 미나리잎을 올린다.

대표적인 한국의 장인 고추장으로 볶음밥을 만들었어요. 고추장에 소시지나 햄 하나만 넣어도 맛있는 볶음밥이 완성되지요. 아이가 갑자기 친구를 데리고 온 날 후다닥 만들어내기 좋아요.

고추장소시지볶음밥

밥 2공기(400g),
소시지 2개, 달걀 2개,
다진 파 1큰술,
다진 마늘 1/2큰술,
올리브유 2와1/2큰술
고추장 양념 고추장 ·
간장 · 맛술 2큰술씩,
참기름 1과1/2큰술,
올리고당 1/2큰술,
후춧가루 1/8작은술

1. 소시지는 0.5cm 두께로 썰고, 볼에 분량의 재료를 넣어 고추장 양념을 만든다.
2. 중간 불로 달군 팬에 올리브유 1큰술을 두르고 다진 파와 다진 마늘을 넣고 볶는다.
3. ❷에 소시지를 넣어 볶다가 밥과 고추장 양념을 더해 밥알이 뭉치지 않도록 주걱으로 가르듯이 볶는다.
4. 중약 불로 달군 팬에 올리브유 1과1/2큰술을 두르고 달걀프라이를 만든다.
5. 접시에 ❸의 고추장소시지볶음밥을 담고 달걀프라이를 올린다.

달걀프라이는 틀을 이용하면 모양이 흐트러지지 않아

달걀프라이를 예쁘게 만들고 싶다면 틀을 이용해보세요. 틀 안쪽에 기름을 발라 약한 불에서 달걀프라이를 만들어야 모양이 깔끔해집니다. 불이 너무 세면 달걀 흰자에 기포가 생긴답니다.

> 짭조름한 간장 양념의 돼지고기를 연탄불고기처럼 볶아 밥 위에 올렸어요. 그 위에 깻잎채를 올려 맛도 향도 끝내주지요. 돼지고기는 양념에 넉넉히 재워 냉동시켰다가 그때그때 사용해도 좋습니다.

간장불백깻잎덮밥

밥 2공기(400g),
돼지고기 불고기용
300g, 깻잎 1봉지,
양파 1/2개, 대파 1/4줄,
올리브유 1큰술

돼지고기 양념
간장 3큰술, 올리고당
2와1/2큰술, 맛술 2큰술,
다진 파 1과1/2큰술,
다진 마늘·참기름
1큰술씩, 통깨 1작은술,
다진 생강 1/2작은술,
후춧가루 1/3작은술

1. 볼에 분량의 재료를 섞어 돼지고기 양념을 만든다. 불고기용 돼지고기를 양념에 버무려 15분간 재운다.
2. 깻잎은 돌돌 말아 0.5cm 폭으로 썰고 양파는 0.5cm 두께로 채썬다. 대파는 잘게 송송 썬다.
3. 달군 팬에 올리브유를 두르고 양파채와 송송 썬 대파를 노릇하게 볶다가 중간 불에서 양념한 돼지고기를 넣어 양념이 거의 없어질 때까지 볶는다.
4. ❸에 준비한 깻잎의 1/2 분량을 넣어 한 번 버무린 후 불을 끈다.
5. 밥 위에 ❹의 간장불백깻잎을 얹고, 그 위에 나머지 깻잎채를 올린다.

깻잎은 여러 장 돌돌 말아 한 번에 썰어야 깔끔해

깻잎을 한 장 한 장 낱장으로 썰면 시간도 오래 걸리지만 크기도 제각각이라 지저분해 보이지요. 여러 장을 겹쳐 돌돌 말아 송송 썬 뒤 깻잎을 털어주세요.

다양한 과일을 활용해 볶음밥을 만들었어요. 과일볶음밥은 새콤달콤한 맛이 일품이지요. 피시소스 대신 액젓을 사용해도 비슷한 맛을 낼 수 있어요.

트로피컬볶음밥

밥 2공기(400g),
돼지고기 목살 50g,
파인애플 · 빨강 파프리카 ·
노랑 파프리카 · 망고 ·
아보카도 1/2개씩,
양파 1/4개, 건크랜베리
1/2큰술, 올리브유 3큰술,
식초 1큰술, 소금 1작은술,
후춧가루 1/4작은술
돼지고기 밑간 소금 ·
후춧가루 1/8작은술씩
트로피컬 소스 굴소스 ·
피시소스 · 파인애플주스
2큰술씩, 설탕 1큰술,
소금 1/4작은술

1. 돼지고기 목살은 지방을 제거하고 곱게 다져 10분간 밑간한다.
2. 파인애플, 파프리카, 양파는 사방 0.5cm 크기로 자른다.
3. 망고와 아보카도는 껍질을 벗겨 사방 1cm 크기로 잘라 볼에 담고 건크랜베리, 올리브유 1큰술, 식초, 소금, 후춧가루를 더해 버무린다.
4. 팬에 올리브유 2큰술을 두르고 밑간한 돼지고기 목살을 볶다가 파인애플, 파프리카, 양파를 넣고 볶는다.
5. 트로피컬 소스를 만들어 ❹에 넣고 볶다가 밥을 더해 노릇하게 2분간 볶는다.
6. 볶음밥 위에 ❸의 양념한 과일을 올린다.

**과일을 양념해두면
갈변을 방지할 수 있어**

망고와 아보카도, 건크랜베리는 올리브유, 식초, 소금, 후춧가루로 밑간해두면 갈변을 방지할 수 있습니다. 과일에 간도 배어 밥과 함께 먹기 좋아요.

리조또는 버터에 쌀을 살짝 볶은 뒤 육수를 부어 만드는 이탈리아 요리입니다. 이때 쌀은 80%만 익혀야 하는데 이 과정이 번거롭다면 찬 고두밥을 이용하세요.

양식 베이컨크림리조또

리조또쌀(400g),
베이컨 3~4줄,
새송이버섯 3개,
양파 1/4개, 파마산치즈
1/2큰술씩, 올리브유
2큰술, 소금 1/4작은술,
후춧가루 1/8작은술,
생크림 1과1/2컵
닭육수(5컵) 닭 1/4마리,
양파 1/2개, 셀러리 1/2대,
대파 흰부분 1/2줄,
마늘 3쪽, 월계수잎 2장,
통후추 8알, 물 10컵
리조또 쌀 볶기 다진 양파
1큰술, 버터 1/2큰술,
닭육수 4컵

1. 닭육수 P 026 닭고기수프 참고를 끓여 준비한다.
2. 리조또쌀은 불렸다 물기를 제거하고 버터를 두른 팬에 다진 양파와 볶다가 닭육수 4컵을 조금씩 부어가며 끓인다. 쌀알이 80% 익었을 때 불을 끄고 식힌다.
3. 베이컨과 새송이버섯, 양파는 사방 1cm 크기로 썰어 올리브유를 두른 팬에 볶는다.
4. 베이컨에서 기름이 적당히 나오면 생크림, 남은 닭육수 1컵을 부어 끓인다.
5. 끓기 시작하면 ❷의 리조또쌀을 넣고 약한 불에서 저어가며 국물이 없어질 때까지 볶다가 소금과 후춧가루로 간한다. 그릇에 담고 파마산치즈를 뿌려낸다.

리조또쌀은 약한 불에서 천천히 육수를 졸여야

리조또쌀은 끓기 시작하면 약한 불로 줄여서 육수가 자작해질 때까지 계속 저어가며 졸여야 합니다. 쌀알이 80% 익었을 때 불을 끈 뒤 식혀 보관해주세요.

가지호박그라탱

그라탱은 토마토 소스와 모짜렐라치즈만 있다면 손쉽게 만들 수 있지요.
가지와 호박을 이용해 여유로운 휴일의 점심 메뉴를 만들어보세요. 오븐에
넣지 않고 전자레인지에 10분간 돌려도 만들 수 있답니다. 보글보글
모짜렐라치즈의 기포가 올라오고 치즈가 갈색이 되면 이제 꺼낼 시간이에요.

밥 1과1/2공기(300g), 가지·애호박 2개씩, 모짜렐라치즈 1컵,
빵가루 1/4컵, 올리브유 3큰술, 다진 파슬리 1작은술, 소금 1/4작은술, 바질잎 약간
토마토 소스 토마토 4개, 다진 양파 1/2개분, 다진 마늘 1큰술, 올리브유 2큰술,
소금 1/4작은술, 후춧가루 1/8작은술, 화이트와인 1/4컵

1. 소스용 토마토는 칼집을 내어 끓는 물에 살짝 데쳐 껍질을 벗기고 8등분으로 자른다.
2. 냄비에 올리브유를 두르고 다진 양파와 다진 마늘을 중간 불로 색이 날 때까지 볶은 뒤 ❶의
   토마토와 화이트와인, 소금, 후춧가루를 넣고 볶는다. 약한 불로 20분간 타지 않게 졸였다 식혀
   토마토 소스를 완성한다.
3. 가지와 애호박을 길이대로 0.5cm 두께로 잘라 올리브유와 소금을 고루 발라 팬에서 앞뒤
   노릇하게 굽는다. 한숨 식으면 가지 위에 애호박을 올려 돌돌 말아둔다.
4. 오븐 용기에 ❷의 토마토 소스를 바르고 밥을 평평하게 펼쳐 깔고 그 위에 모짜렐라 치즈를 올린다.
5. ❹ 위에 한 번 더 토마토 소스를 넓게 펴바른다.
6. ❺에 ❸의 돌돌 만 가지와 애호박을 올리고 모짜렐라치즈와 빵가루를 뿌려 200℃로 예열한
   오븐에서 20분간 굽는다. 치즈가 갈색이 되면 오븐에서 꺼내 다진 파슬리를 뿌린다. 취향에 따라
   바질잎을 올려낸다

굴라시는 체코, 헝가리 등의 동유럽국가에서 즐겨 먹는 음식으로 빵이나 밥과 함께 먹지요. 약한 불에서 오래 끓일수록 국물이 걸쭉해지고 채소의 단맛이 우러나와 풍미와 맛이 좋아집니다.

굴라시덮밥

밥 2공기(400g),
쇠고기 안심 300g,
토마토 1개, 감자·당근·
양파 1/2개씩, 양송이버섯
6개, 밀가루 2큰술,
다진 마늘·버터 1큰술씩,
소금 1/4작은술,
후춧가루 1/8작은술
쇠고기 밑간
올리브유 2큰술, 소금·
후춧가루 1/8작은술씩
소스 쇠고기육수 4컵,
토마토 소스 2컵, 월계수잎
5장, 레드와인 2큰술,
파프리카파우더 1큰술,
우스터소스 1작은술,
핫소스 1/2작은술, 소금·
후춧가루 1/8작은술씩

1. 쇠고기 안심은 사방 2cm 크기로 잘라 밑간하고 토마토는 4등분한다.
2. 감자, 당근, 양파, 양송이버섯도 사방 2cm 크기로 썰어 준비한다.
3. 냄비에 버터를 넣고 쇠고기 안심과 채소를 단단한 순서대로 볶아 다진 마늘, 소금, 후춧가루로 간한다.
4. ❸에 밀가루를 덩어리지지 않게 볶다가 쇠고기육수 P 019 참고를 비롯한 소스 재료를 한데 섞어 넣고 약한 불에서 20분간 뭉근하게 끓인다.
5. ❹가 걸쭉해지면 불을 끄고 밥 위에 올린다.

채소는 단단한 순서대로 볶아야 본연의 식감도 살아

재료를 볶을 때는 단단한 순서대로 넣어야 채소가 덜 익거나 무르지 않아요. 쇠고기→당근→감자→토마토→버섯 순서대로 볶아주세요.

중국의 대표
장인 두반장과
굴소스를 넣어 만든
오징어덮밥입니다.
매콤한 감칠맛에
청양고추를 넣어
칼칼한 맛을
더했어요.
한식 오징어덮밥과
사뭇 다른 맛을
즐기세요.

중식 오징어덮밥

밥 2공기(400g), 오징어 1마리(250g), 양파 3/4개, 청양고추 2개, 홍고추 1개, 두반장·노간마 1작은술씩, 설탕 1/3작은술, 후춧가루 약간
닭육수(1/2컵) 닭뼈 50g, 대파 1/3줄, 생강편 1쪽, 물 2컵
향내기 고추기름 6큰술, 대파 1/4줄, 마늘 3쪽, 다진 생강 약간, 굴소스 4작은술, 간장 2작은술, 청주 1작은술
녹말물 전분 1작은술, 물 1큰술

1. 닭육수 재료는 센 불에서 끓이다 약한 불에서 20분 끓여 체에 밭친다.
2. 오징어는 손질 후 안쪽에 사선으로 칼집을 양쪽에 넣은 뒤 먹기 좋게 자른다.
3. 양파는 반 갈라 0.5cm 두께로 채썰고, 고추는 1cm 폭으로 썬다.
4. 대파는 반 갈라 2.5cm 썰고, 마늘은 편썰어 고추기름 P 017 참고 을 두른 팬에 다진 생강과 함께 볶다가 청주, 간장, 굴소스 순으로 넣고 향을 낸다.
5. ④에 오징어, 양파, 고추, 두반장, 노간마를 넣고 볶다 닭육수를 부어 끓인다.
6. 설탕, 후춧가루로 간한 뒤 녹말물로 농도를 맞춰 밥 위에 얹는다.

오징어 껍질은 소금을 묻혀 벗겨야 한 번에 제거!

오징어 껍질을 벗길 때는 손에 소금을 묻히면 한 번에 잘 벗겨져요. 오징어는 센 불에서 빠르게 볶아야 질겨지지 않습니다.

트로피컬볶음밥

* 해물볶음밥

* 베이컨크림리조또

> 어간장,
> 생선간장으로도
> 불리는 피시소스로
> 간한 볶음밥입니다.
> 우리나라
> 액젓보다는
> 덜 짜고 단맛이 나
> 피시소스로 볶음밥
> 간을 하면 감칠맛이
> 돌지요.

해물볶음밥

밥 2공기(400g),
알새우 8마리,
오징어 1/3마리,
관자 1개, 달걀 2개,
청양고추·홍고추 2개씩,
대파 1/2줄, 파기름
4큰술, 굴소스 2작은술,
간장·피시소스·
치킨파우더 1작은술씩,
참기름·후춧가루 약간씩

1. 오징어와 관자를 사방 1cm 크기로 썰어 알새우와 함께 끓는 물에 데친다.
2. 고추와 대파는 곱게 다져 준비한다.
3. 볼에 밥과 다진 고추와 대파, 굴소스, 간장, 피시소스, 치킨파우더, 후춧가루를 넣고 버무린다.
4. ❸에 데친 오징어, 관자, 알새우를 넣고 버무린다.
5. 달걀은 잘 풀어 파기름을 두른 팬에서 스크램블에그를 만든다.
6. 스크램블에그가 반 정도 익었을 때 ❹를 섞어가며 볶는다. 먹기 직전에 참기름을 살짝 넣는다.

액상 조미료는 미리 밥과 버무려야 팬에 눌어붙지 않아

볶음밥에 간장 같은 액상 조미료가 들어가면 팬에 눌어붙기 쉬워요. 미리 찬밥에 액상 재료들을 버무렸다 볶아야 잘 눌어붙지 않는답니다. 열에 강한 진간장을 사용하면 향이 유지되어요.

부드러운 게살의
맛과 향으로
아이들이 특히
좋아하는
볶음밥이에요.
냉동용 꽃게살을
이용하면
편리하지요.
꽃게살이 없다면
게맛살을 굵게
찢어 넣어도
좋습니다.

게살볶음밥

밥 2공기(400g),
게살 60g, 달걀 2개,
당근 1/5개, 대파 1/4줄,
파기름 4큰술,
치킨파우더 2/3작은술,
소금 1/2작은술,
참기름 약간

1. 게살은 끓는 물에 10초간 살짝 데쳐 준비한다.
2. 달걀은 흰자와 노른자가 고루 섞이게 풀고 당근은 사방 0.3cm 크기로 썬다. 대파는 반 갈라 0.3cm로 썬다.
3. 팬에 파기름 P 017 참고을 두르고 센 불에서 달걀을 풀어 넣고 스크램블에그를 만든다.
4. 스크램블에그가 반 정도 익었을 때 밥을 고루 섞어가며 볶는다.
5. ❹에 데친 게살과 잘게 썬 대파를 넣고 한 번 더 볶아 치킨파우더와 소금으로 간한다.
6. 접시에 담기 전에 참기름을 살짝 넣는다.

**게살 비린내가 싫다면
향채소 끓인 물에 데쳐 사용**

해산물의 비린내가 싫다면 청주, 대파, 마늘, 생강, 소금을 넣고 끓인 물에 데쳐서 사용하세요. 게살 특유의 비린내가 사라져요.

🔴중식 유산슬밥

유산슬(류산슬)의 '류'는 녹말물을 끼얹어 걸쭉해진 것을 뜻해요. '산'은 3가지 재료, '슬'은 가늘게 썬 것을 의미하지요. 이 세 가지가 모여 유산슬이 완성됩니다. 해산물과 고기, 채소를 가늘게 썰어 볶은 뒤 녹말물로 농도를 맞춰 마무리하지요. 걸쭉한 소스에 촉촉하게 비벼 먹는 맛 또한 일품이에요.

밥 2공기(400g), 쇠고기 홍두깨살 40g, 알새우 6마리, 불린 해삼 2개, 죽순 1/3개, 표고버섯 1개, 팽이버섯 1봉, 부추 6줄, 꽃소금·치킨파우더 1작은술씩, 후춧가루·참기름 약간씩, 식용유 1컵
닭육수(1과1/2컵) 닭뼈 100g, 대파 1/2줄, 생강편 2쪽, 물 4컵
쇠고기 밑간 달걀물·청주 1작은술씩, 감자전분 2/3작은술, 간장·굴소스 1/3작은술씩, 생강즙 약간
향내기 파기름 4큰술, 대파 1/4줄, 마늘 2쪽, 다진 생강 약간, 청주 1작은술
녹말물 전분 2작은술, 물 2큰술

1. 냄비에 닭육수 재료를 넣고 센 불에서 끓이다 한소끔 끓으면 약한 불에서 20분 끓여 체에 밭친다. 쇠고기 홍두깨살은 5cm 길이로 채썰어 밑간에 재운다.
2. 불린 해삼은 6cm로, 죽순과 표고버섯, 부추는 4cm 길이로 채썬다. 팽이버섯은 밑동만 자른다.
3. 끓는 물에 알새우와 불린 해삼, 죽순, 표고버섯, 부추, 팽이버섯을 살짝 데친다.
4. 팬에 식용유를 붓고 160℃로 올린 뒤 밑간한 쇠고기 홍두깨살을 젓가락으로 저어가며 익힌다.
5. 대파는 반 갈라 2.5cm 길이로 썰고 마늘은 편썬다. 파기름 P 017 참고 을 두른 팬에 꽃소금을 넣고 볶다가 대파와 마늘, 다진 생강, 청주를 넣고 볶아 향을 낸다.
6. 준비한 모든 재료를 ❺에 넣고 볶다가 닭육수를 부어 끓인 뒤 치킨파우더와 후춧가루로 간한다. 녹말물로 농도를 맞추고 참기름을 살짝 넣어 마무리한다.

하루의 수고를 다독여주는 한 끼
저녁에 덮밥과 볶음밥

한 그릇 만찬과 같은 저녁식사 시간입니다.
하루 동안의 수고를 채워줄 보양식 같은 음식을 준비했습니다.
하루를 마무리하는 이 시간, 따뜻한 위로가 되어주는
한 그릇 덮밥과 볶음밥입니다.

한식
- 깍두기삼겹살볶음밥
- 인삼꼬꼬덮밥
- 양파불오징어덮밥
- 버섯잡채볶음밥
- 매콤육개장볶음밥

중식
- 치킨볶음밥
- 어향가지밥
- 브로콜리우육밥
- 차돌박이숙주볶음밥

일식
- 하야시라이스덮밥
- 연어데리야끼덮밥
- 가지피망볶음밥
- 시금치새우볶음밥

양식
- 라따뚜이비프덮밥
- 토마토해물리조또
- 포크밸리필라프
- 꽃게크림소스를 올린 볶음밥

깍두기삼겹살볶음밥

삼겹살 구워 먹는 날이면 온 가족이 둘러앉아 볶음밥 한 숟가락씩 나눠 먹고는 했지요. 냉동실에 삼겹살 두어 줄만 있다면 추억 속의 그 맛을 낼 수 있습니다. 잠자고 있던 삼겹살에 김치를 볶아주세요. 깍두기도 좋고 배추김치, 파김치 등 약간 신맛 도는 김치라면 무엇이든 상관없어요. 고추장에 칼칼한 김칫국물을 섞은 양념이 하루의 피곤도 잊게 해줄 거예요.

밥 2공기(400g), 깍두기 1컵, 삼겹살 1줄(150g), 깻잎 4장, 조미김 6장,
다진 마늘 1/2큰술, 참기름 · 올리브유 1큰술씩
양념 깍두기 국물 3큰술, 고추장 1과1/3큰술, 설탕 1/2작은술

1. 깍두기와 삼겹살은 각각 사방 1cm 크기로 네모지게 썬다.
2. 깻잎은 돌돌 말아 0.3cm 두께로 썬다. 조미김은 봉지에 넣고 잘게 부순다.
3. 중간 불로 달군 팬에 올리브유를 두른 후 다진 마늘을 넣어 향이 나도록 볶은 후 삼겹살을 넣어 볶는다.
4. 삼겹살이 어느 정도 익으면 깍두기를 넣어 노릇하게 볶는다.
5. 깍두기 국물과 고추장, 설탕을 섞어 양념을 만든다. ❹에 양념과 밥을 넣고 밥알이 뭉치지 않도록 나무주걱으로 가르듯이 볶다 참기름을 더해 완성한다.
6. 그릇에 깍두기볶음밥을 담고 김가루와 깻잎채를 올린다.

> 삼계탕 한 그릇을 그대로 덮밥에 담았습니다. 닭가슴살과 양파, 마늘, 대파, 대추를 끓여 깔끔하고 깊은 맛이지요. 마지막에 찹쌀물을 넣어 구수한 맛을 더했어요. 기운 없는 날 몸을 보하는 메뉴에요.

인삼꼬꼬덮밥

밥 2공기(400g),
닭가슴살 2쪽(200g),
인삼 2뿌리, 달걀 1개,
쪽파 2줄, 다진 파 1큰술,
올리브유 1/2큰술,
소금 1/2작은술
채수(2와1/2컵) 양파 1/3개,
대파 1/4줄, 마늘 4쪽,
대추 2알, 물 3과1/3컵
닭가슴살 양념
국간장 1큰술,
후춧가루 1/6작은술
찹쌀물 찹쌀가루 1작은술,
물 1큰술

1. 인삼은 0.5cm 두께로 편썰고, 쪽파는 0.2cm 두께로 송송 썬다.
2. 채수용 양파와 마늘은 0.3cm로 썰어 냄비에 나머지 재료와 닭가슴살, 인삼을 넣고 끓이다 중약 불에서 15분간 더 끓인다.
3. ❷의 닭가슴살과 인삼은 건지고 육수는 따로 둔다. 삶은 닭가슴살은 한김 식힌 후 결대로 찢어 닭가슴살 양념에 버무린다.
4. 중간 불로 달군 팬에 올리브유를 두르고 다진 파를 볶다가 ❸의 육수 2와1/2컵, 양념한 닭가슴살을 넣어 끓인다.
5. 약한 불로 줄여 찹쌀물과 소금으로 농도와 간을 맞추고 달걀을 풀어 천천히 부어 익힌다. 밥 위에 올리고 송송 썬 쪽파를 뿌린다.

삶은 닭가슴살은 미리 양념해야 간이 맞아

지방이 적어 감칠맛이 덜한 닭가슴살은 미리 양념을 해주세요. 양념할 때 조금 과하다 싶게 해야 채수와 끓이면서 맛이 희석되지 않아 덮밥의 간을 맞출 수 있어요.

> 매운맛과 불맛이 만난 덮밥입니다. 아삭한 식감의 양파, 쫄깃한 오징어, 여기에 불맛까지 더해져 절대 실패할 수 없는 메뉴이지요. 오징어 대신 낙지나 주꾸미를 넣어도 맛있어요.

양파불오징어덮밥

밥 2공기(400g), 오징어 1마리(250g), 양파 1/2개, 대파 1/4줄, 청양고추 1개, 올리브유 2큰술, 설탕 1작은술, 통깨 약간
양념 고추장·물 2큰술씩, 고춧가루·맛술·다진 파·올리고당 1큰술씩, 참기름 2/3큰술, 다진 마늘·간장 1/2큰술씩, 설탕 2작은술, 후춧가루 1/8작은술

1. 오징어는 손질 후 몸통은 0.5cm 두께로 썰고 다리는 5cm 길이로 썬다.
2. 양파는 0.2cm 두께로 채썰어 물에 담갔다가 체에 밭친다. 대파는 반 갈라 5cm 길이로 썰고 청양고추는 0.2cm 폭으로 송송 썬다.
3. 분량의 재료를 섞어 양념을 만든다.
4. 약한 불로 달군 팬에 올리브유를 두르고 설탕을 녹인 뒤 중간 불로 바꿔 오징어를 볶는다.
5. ❹에 대파를 넣어 볶다가 양념과 청양고추를 넣고 볶아 완성한다.
6. 밥 위에 ❺의 오징어볶음과 양파채, 통깨를 올린다.

오징어 불맛의 비결은 올리브유에 녹인 설탕

오징어 불맛의 핵심은 설탕입니다. 올리브유를 두른 팬에서 설탕을 녹여 황갈색이 될 때 중간 불에서 오징어를 넣고 볶아주세요. 오징어의 수분이 날아가면서 불맛이 더해져요.

당면 대신 버섯을
넣은 쫄깃한
볶음밥이에요.
여러 가지 버섯의
다양한 맛이
볶음밥에 풍미를
더해주지요. 청양고추를 다져
양념에 넣으면
깔끔한 매운맛도
낼 수 있어요.

버섯잡채볶음밥

밥 2공기(400g),
맛타리버섯 1/3팩(70g),
표고버섯 · 양송이버섯
2개씩, 새송이버섯 1/2개,
피망 1/3개, 당근 1/6개,
다진 파 · 올리브유
2큰술씩, 다진 마늘
1/2큰술
양념 간장 2와1/2큰술,
올리고당 1과1/2큰술,
간 양파 1큰술,
맛술 · 참기름 1/2큰술씩,
다진 청양고추 1/2작은술,
후춧가루 1/6작은술

1. 맛타리버섯은 가닥가닥 찢고 표고버섯, 양송이버섯은 0.5cm로 썬다. 새송이버섯은 길이 5cm, 두께 0.5cm로 채썬다.
2. 피망과 당근은 길이 5cm, 두께 0.2cm로 곱게 채썰고 볼에 재료를 섞어 양념을 준비한다.
3. 달군 팬에 올리브유를 둘러 다진 파, 다진 마늘을 넣어 노릇하게 볶은 후 당근채와 준비한 버섯, 그리고 양념 1/2 분량을 넣어 노릇하게 볶는다.
4. ❸에 밥과 피망, 남은 양념을 더해 볶아 완성한다.

양념은 미리 섞어 넣어야 고루 간이 잘 배어

양념은 볼에 한데 섞은 후 버섯, 밥 등에 버무려야 간이 골고루 잘 밴답니다. 하나하나 따로 넣으면 어느 부분은 짜고 또 어느 부분은 싱거울 수 있어요.

육개장에 들어가는 재료로 볶음밥을 만들었어요. 따로 볶아낸 숙주를 올려 먹으면 매콤함과 아삭함이 입안에서 어우러집니다. 재료 준비가 번거롭다면 먹다 남은 육개장으로 도전해보세요.

한식 매콤육개장볶음밥

밥 2공기(400g),
쇠고기 양지 100g,
삶은 고사리 1/3컵,
숙주 1줌(50g), 대파 1/3줄,
올리브유 1과 1/2큰술,
고춧가루 1/5작은술
쇠고기 양념 맛술 1작은술,
다진 마늘·간장·올리고당
1/2작은술씩, 후춧가루 약간
양념 국간장·다진 파·
고춧가루·고추기름
1큰술씩, 다진 마늘·참기름·
고추장·맛술 1/2큰술씩
숙주 양념 다진 마늘·
간장 1/2작은술씩,
올리고당 1작은술

1. 쇠고기 양지는 양념에 5~10분 재운다. 삶은 고사리는 2cm 길이로 썰고, 대파는 반 갈라 2cm 길이로 썬다.
2. 중간 불로 달군 팬에 올리브유 1큰술을 둘러 대파를 볶다가 삶은 고사리와 ❶의 양념한 쇠고기 양지를 넣고 볶는다.
3. 양념을 만들어 ❷에 밥을 넣고 주걱으로 가르듯이 밥알이 뭉치지 않도록 볶는다.
4. 센 불로 달군 팬에 올리브유 1/2큰술을 둘러 숙주와 숙주 양념을 넣어 숨이 죽지 않도록 살짝 볶는다.
5. ❸의 볶음밥 위에 볶은 숙주와 고춧가루를 뿌려낸다.

쇠고기는 양념해 볶아야 육질이 부드러워져

쇠고기를 양념에 재웠다가 넣으면 몇 배는 맛있는 볶음밥을 만들 수 있지요. 잡냄새도 잡아주고, 연육작용으로 고기도 연해져요. 간이 잘 배어 볶음밥도 더 맛있습니다.

· 시금치새우볶음밥

• 깍두기삼겹살볶음밥

• 양파불오징어덮밥

일식 하야시라이스덮밥

하야시라이스는 우리나라에서 하이라이스로 많이 알려져 있는 음식이에요. 보통 데미글라스 소스나 고형제품을 사용해 소스를 만들지만 우스터소스에 토마토케첩을 넣어 소스를 만들 수도 있지요. 쇠고기에 밀가루를 묻혀서 사용하면 따로 루를 만들지 않아도 됩니다. 쇠고기에 밀가루가 뭉치지 않도록 손으로 잘 털어가며 얇게 묻혀주세요.

밥 2공기(400g), 쇠고기 불고기용 200g, 양파 1/2개, 양송이버섯 6개, 쪽파 1줄, 밀가루 2큰술, 버터 1큰술, 올리브유 1/2큰술
쇠고기 밑간 맛술 1큰술, 청주 1작은술, 후춧가루 약간
소스 토마토케첩 4큰술, 우스터소스 2큰술, 간장 2작은술, 후춧가루 약간, 물 2컵

1. 불고기용 쇠고기는 키친타월로 감싸 핏물을 제거하고 밑간에 10분간 재워 밀가루를 묻힌다.
2. 양파는 채썰고 양송이버섯은 0.5cm 두께로 편썬다. 쪽파는 송송 썬다.
3. 볼에 물을 제외한 나머지 소스 재료를 넣고 잘 섞는다.
4. 달군 팬에 버터와 올리브유를 넣고 양파채를 볶은 뒤 투명해지면 편썬 양송이버섯을 볶는다.
5. ❹에 밑간해 밀가루를 묻힌 쇠고기를 넣어 볶다가 ❸의 소스를 섞고 물 2컵을 부어 주걱으로 저어가며 끓인다.
6. ❺의 농도가 되직해지면 밥 위에 얹고 송송 썬 쪽파를 뿌려 완성한다.

생선에 양념장을
발라 윤기나게
굽는 걸
데리야끼라고
하지요.
생선을 싫어하는
아이, 어른에게
추천합니다.
달달한 소스가
생선에 자꾸 손이
가게 만들어요.

연어데리야끼덮밥

밥 2공기(400g),
연어 4조각, 깻잎 5장,
양파 1/4개, 올리브유 ·
버터 2작은술씩
연어 밑간 레몬즙 1큰술
데리야끼 소스
간장 2큰술,
청주 · 맛술 · 설탕 · 꿀
1큰술씩

1. 연어는 가시를 발라낸 뒤 물로 헹궈 키친타월에 올려 물기를 제거하고 레몬즙으로 밑간해 10분간 재운다.
2. 깻잎은 돌돌 말아 0.3cm 폭으로 썰고 양파는 0.1cm 두께로 얇게 채썬다.
3. 볼에 분량의 데리야끼 소스 재료를 넣고 설탕이 잘 녹도록 저어주며 섞는다.
4. 달군 팬에 올리브유와 버터를 넣고 밑간한 연어를 올려 중간 불에서 팬에 있는 오일을 뿌려주며 앞뒤로 굽는다.
5. 불을 약한 불로 줄이고 ❹의 연어에 ❸의 데리야끼 소스를 바르면서 굽는다.
6. 그릇에 밥을 담고 깻잎, 양파, 구운 연어 순으로 올려 완성한다.

구운 연어는 소스를 발라 약한 불에서 한 번 더 굽기

올리브유와 버터에 구운 연어는 약한 불로 바꿔 소스를 바르면서 한 번 더 구워주세요. 이렇게 앞뒤 굽기를 2번 정도 반복하면 소스가 연어 살에 고루 잘 스며들어요.

밑반찬이라고
생각했던
가지볶음에 밥을
볶았습니다.
가지는 소스가
잘 스며들도록
먼저 볶고 피망은
색감이 살게끔
살짝만 볶았지요.
다진 돼지고기를
더해도 맛나요.

일식 가지피망볶음밥

밥 2공기(400g),
가지(소)2개, 피망 1개,
양파 1/4개, 올리브유·
들기름 1/2큰술씩,
소금 1작은술,
참깨 1/2작은술
미소 소스
미소·설탕 1큰술씩,
맛술 2작은술

1. 가지는 1cm 두께로 도톰하게 십자썰기해 소금 1작은술을 뿌려 10분간 수분을 뺀다. 가지에서 나오는 수분은 키친타월로 제거한다.
2. 피망은 사방 1cm 크기로 자르고 양파는 다진다.
3. 볼에 분량의 소스 재료를 넣고 설탕이 녹도록 잘 섞어 미소 소스를 만든다.
4. 달군 팬에 올리브유와 들기름을 두르고 다진 양파를 넣고 볶아 향을 낸 뒤 가지와 미소 소스 1/2 분량을 넣고 볶는다.
5. ❹에 피망, 밥, 남은 미소 소스를 넣고 볶은 뒤 참깨를 뿌려 완성한다.

**가지는 소금을 뿌려
미리 수분과 쓴맛 제거**

가지는 수분이 많아 수분을 빼지 않고 열을 가하면 간이 잘 배지 않아요. 미리 소금을 뿌려 수분을 제거하세요. 수분이 빠져나오면서 가지의 쓴맛도 함께 사라진답니다.

시금치를 싫어하는
아이들도
반할 만한
볶음밥입니다.
탱글탱글한 새우와
마요네즈 소스로
맛을 냈지요.
새우가 없다면
베이컨이나 햄을
넣어도 좋아요.

시금치새우볶음밥

밥 2공기(400g),
칵테일새우 1컵,
시금치 1/2단(100g),
파프리카 1/4개, 달걀
2개, 다진 파·올리브유
1큰술씩, 소금 약간
칵테일새우 밑간
맛술·청주 1/2작은술씩,
소금·후춧가루 약간씩
마요네즈 소스
마요네즈 1과1/2큰술,
간장·설탕 1작은술

1. 칵테일새우는 흐르는 물에 씻어서 체에 밭쳐 물기를 빼고 밑간에 재운다.
2. 시금치, 파프리카는 잘게 다져 키친타월에 올려 가볍게 톡톡 물기를 뺀다.
3. 볼에 마요네즈, 간장을 섞은 뒤 설탕을 녹여 마요네즈 소스를 만든다.
4. 달군 팬에 올리브유를 두르고 중간 불에서 다진 파를 넣어 향을 낸다.
5. ❹의 팬에 달걀을 풀어 넣고 나무주걱으로 빠르게 휘저으며 볶다가 밑간한 칵테일새우, 다진 시금치·파프리카를 넣어 볶는다.
6. ❺에 밥, 마요네즈 소스를 더해 빠르게 볶아 완성한다.

냉동 칵테일새우는 해동 후 밑간해서 사용

냉동 칵테일새우는 흐르는 물에 씻어 해동 후 물기를 없애고 밑간해 사용하세요. 냉동 상태의 새우를 바로 볶으면 수분 때문에 기름이 튀고 다른 식재료에 물이 배게 되지요.

닭고기와 채소가 어우러진 볶음밥이에요. 닭가슴살로 만들어 건강하게 즐기기 좋지요. 다이어트 중이라면 닭가슴살을 튀기지 말고 팬에 살짝 구워서 조리하세요.

중식 치킨볶음밥

밥 2공기(400g),
닭가슴살 1쪽(100g),
달걀 2개, 아스파라거스
2대, 당근 1/4개,
대파 1/2줄, 파기름
4큰술, 치킨파우더
1작은술, 소금 1/3작은술,
참기름 약간, 식용유 2컵
닭가슴살 밑간
파기름 · 달걀물 1큰술씩,
청주 · 노두유 1작은술씩,
전분 · 굴소스 /2작은술씩,
생강즙 1/3작은술,
후춧가루 약간

1. 닭가슴살은 사방 1cm 크기로 잘라 밑간한다.
2. 아스파라거스는 잘게 썰고 당근과 대파는 잘게 다진다.
3. 팬에 식용유 2컵을 붓고 180℃로 달구어 밑간한 닭가슴살을 튀긴다.
4. 파기름 P 017 참고을 두른 팬에 달걀을 풀어 스크램블에그를 만들다가 반 정도 익으면 밥을 넣어 볶는다.
5. ❹에 튀긴 닭가슴살과 ❷의 채소를 넣고 볶다가 치킨파우더, 소금을 넣어 간한다. 참기름을 살짝 둘러 마무리한다. 아스파라거스를 통째로 구워 함께 세팅해도 좋다.

노두유는 재료와 잘 치대야 분리되지 않아

중국의 전통 간장인 노두유로 고기를 밑간할 때는 최대한 많이 치대주세요. 노두유가 닭고기에 잘 스며들지 않으면 익힐 때 색이 분리될 수 있답니다.

🔴 어향가지밥

'어향'은 사천지방을 대표하는 소스로 중식에서도 다양한 요리에 쓰여 만능 소스로도 불리지요. 새콤달콤매콤한 맛으로 생선은 물론 쇠고기, 돼지고기, 채소 등 어떤 재료와 요리해도 맛있답니다. 어향가지밥은 가지를 싫어하는 사람도 무난히 먹을 수 있는 요리예요.

밥 2공기(400g), 다진 돼지고기 40g, 가지 1개, 셀러리 1/2개, 청피망·홍피망 1/3개씩, 사천고추 5개, 대파 1/4줄, 다진 마늘 1작은술, 다진 생강 약간, 고추기름 3큰술, 굴소스·전분 2큰술씩, 두반장 1큰술, 식초 2작은술, 간장 1과1/2작은술, 청주·설탕 1작은술씩, 후춧가루 약간, 식용유 3컵
닭육수(1과1/2컵) 닭뼈 100g, 대파 1/2줄, 생강편 2쪽, 물 4컵
녹말물 전분 2작은술, 물 2큰술

1. 냄비에 닭육수 재료를 넣고 센 불에서 끓이다 약한 불에서 20분 끓여 체에 밭친다. 셀러리와 피망, 사천고추, 대파는 사방 0.3cm 크기로 잘게 다진다.
2. 가지는 4cm로 잘라 4등분하여 전분을 입혀 팬에 식용유 3컵을 넣고 180℃로 달구어 튀긴다.
3. 중간 불로 달군 팬에 고추기름 P 017 참고을 둘러 다진 돼지고기를 볶다가 반 정도 익으면 약간의 다진 생강을 넣고 볶는다.
4. ❸에 잘게 다진 셀러리, 피망, 대파, 사천고추와 다진 마늘을 넣고 살짝 볶다가 청주, 간장, 굴소스, 두반장을 순서대로 넣어가며 볶는다.
5. ❹에 닭육수 1과1/2컵을 붓고 식초, 설탕, 후춧가루로 간한다.
6. ❺에 튀겨 놓은 가지를 넣고 녹말물로 농도를 맞춘 뒤 밥 위에 얹어낸다.

브로콜리와 쇠고기를 활용한 중국식 고기덮밥입니다. 고기의 부드러운 맛과 브로콜리의 아삭한 식감이 조화를 이루어 담백하지요. 밑간한 고기를 한 번 튀겨 넣는 것이 포인트에요.

중식 브로콜리우육밥

밥 2공기(400g), 브로콜리 12송이, 쇠고기 등심 200g, 노두유·참기름·후춧가루 약간씩, 식용유 3컵

닭육수(1과1/2컵)
닭뼈 100g, 대파 1/2줄, 생강편 2쪽, 물 4컵

쇠고기 밑간 달걀물·파기름 1큰술씩, 노두유·전분 1작은술씩, 굴소스·생강즙 1/2작은술씩, 간장 1/3작은술, 후춧가루 약간

향내기 파기름 4큰술, 대파 1/4줄, 마늘 3쪽, 다진 생강 약간, 굴소스 5작은술, 긴징·청주 1작은술씩

녹말물 전분 2작은술, 물 2큰술

1. 냄비에 닭육수 재료를 넣고 센 불에서 끓이다 약한 불에서 20분 끓여 체에 밭친다.
2. 브로콜리는 손질해 끓는 물에 데친다.
3. 쇠고기 등심은 3×4cm 크기로 얇게 썰어 5분간 밑간한 뒤 팬에서 식용유 3컵을 달구어 서서히 익힌다.
4. 대파는 반 갈라 2.5cm 길이로 썰고 마늘은 편썰어 파기름 P 017 참고을 두른 팬에 다진 생강, 청주, 간장, 굴소스와 볶아 향을 낸다.
5. ④에 데친 브로콜리를 살짝 볶다가 닭육수를 붓고 후춧가루를 넣고 끓인다.
6. 한소끔 끓어오르면 ❸의 튀긴 쇠고기 등심을 넣고 노두유로 간한 뒤 녹말물로 농도를 맞춘다. 참기름을 살짝 둘러 밥에 얹는다.

고기는 160~170℃에서 단시간에 익혀야

고기를 식용유에 익힐 때는 기름의 온도가 너무 낮으면 육질이 질겨지므로 온도에 주의하세요. 160~170℃로 달군 기름에 넣고 단시간에 익혀야 고기가 질겨지지 않아요.

숙주를 사용한 태국식 볶음밥에 치우차우 칠리오일을 가미해 중국 향을 입혔어요. 칼칼한 맛이 차돌박이의 느끼함이 줄어들지요. 고기를 굽고 난 뒤의 기름을 사용하면 볶음밥이 더 고소해져요.

중식 차돌박이숙주볶음밥

밥 2공기(400g),
차돌박이 100g,
숙주 2줌(100g),
달걀 2개, 양파 1/2개,
청피망·홍피망 1/4개씩,
대파 1/2줄, 치우차우
칠리오일 4작은술,
파기름 3큰술,
굴소스 2작은술,
치킨파우더 1작은술,
블랙페퍼 크러시
1/2작은술,
설탕 1/5작은술

1. 기름을 두르지 않은 팬에 차돌박이를 구워 준비한다. 이때 팬에 남은 기름은 따로 모았다가 밥을 볶을 때 파기름과 함께 사용한다.
2. 숙주는 머리와 꼬리를 떼고 양파와 피망은 4cm 길이로 얇게 채썰고 대파는 잘게 썬다.
3. 팬에 파기름 P017 참고 과 ❶의 차돌박이 기름을 같이 넣고 달걀을 풀어 스크램블에그를 만들다가 반 정도 익으면 밥을 넣고 볶는다.
4. ❸에 구운 차돌박이와 숙주, 양파, 피망, 대파, 치우차우 칠리오일을 넣고 볶는다.
5. 굴소스, 치킨파우더, 블랙페퍼 크러시, 설탕으로 간하여 마무리한다.

차돌박이 구운 기름은 버리지 말고 볶음밥에 넣기

볶음밥을 만들 때 차돌박이 기름을 사용하면 더 고소한 맛을 즐길 수 있어요. 너무 느끼하다면 양을 조절해가며 밥과 볶으세요. 차돌박이 기름은 적은 양만 넣어도 맛과 향이 살아나요.

● 치킨볶음밥

● 포크밸리필라프

● 꽃게크림소스를
 올린 볶음밥

라따뚜이비프덮밥

라따뚜이는 토마토, 양파, 당근, 호박, 가지 등 신선한 제철채소와 허브, 올리브유로 만든 프랑스 프로방스 지방의 대표적인 건강식 채소 스튜예요. 다양한 채소를 한입크기로 잘라 살짝 데쳤다가 식혀 진공 팩에 넣고 냉동보관해두세요. 토마토 소스와 볶아내면 언제든 간편하게 요리할 수 있답니다. 프랑스 가정식을 손쉽게 집에서 만들어보세요.

밥 2공기(400g), 쇠고기 안심 200g, 당근·호박·가지·양파 1/2개씩, 올리브유 2큰술
쇠고기 밑간 올리브유 1큰술, 소금·후춧가루 1/8작은술씩
소스 토마토 2개, 토마토 소스 1컵, 다진 마늘 1큰술, 소금·후춧가루 약간씩

1. 쇠고기 안심은 사방 1cm 한입크기로 잘라 올리브유, 소금, 후춧가루로 밑간한다.
2. 당근, 호박, 가지, 양파는 사방 0.5cm 크기로 잘라 준비한다.
3. 소스용 토마토는 끓는 물에 살짝 데쳐 껍질을 벗긴 뒤 다른 채소와 같은 크기로 자른다.
4. 냄비에 올리브유를 두르고 밑간한 쇠고기 안심을 다진 마늘과 함께 볶는다.
5. ❹에 당근, 호박, 가지, 양파 순으로 넣고 볶다가 토마토와 토마토 소스 P 019 참고, 소금, 후춧가루를 넣고 중간 불에서 10분간 푹 익힌다.
6. 뭉근하게 끓이다 국물이 자작해지면 밥 위에 올린다.

새우와 조개육수를 사용해서 담백하고 자극적이지 않은 리조또예요. 상큼한 토마토 향이 해산물과 잘 어우러져 특별한 저녁 한 끼를 맛볼 수 있습니다.

토마토해물리조또

리조또쌀(400g), 바지락살 200g, 새우(소) 10마리, 양파 1/4개, 다진 마늘 1/2큰술, 올리브유 2큰술, 파마산치즈 1작은술, 다진 파슬리 1/2작은술, 소금·후춧가루 약간씩
조개육수(2컵) 바지락 20개, 양파 1/4개, 셀러리 1/2대, 대파 1/2줄, 마늘 4쪽, 월계수잎 5장, 통후추 10알, 올리브유 2큰술, 화이트와인 1/4컵, 물 6컵
소스 토마토 2개, 토마토 소스·조개육수 2컵씩, 소금 1/4작은술, 후춧가루 1/8작은술

1. 냄비에 올리브유를 둘러 조개육수용 채소를 넣고 볶다가 해감한 바지락과 화이트와인, 물, 남은 재료를 모두 넣고 10분간 끓인 뒤 체에 걸러 식힌다.
2. 소스용 토마토는 살짝 데쳐 껍질을 벗겨 4등분하여 심지를 제거해 사방 0.5cm로 썬다.
3. 양파는 사방 0.5cm로 썬 뒤 팬에 올리브유를 둘러 다진 마늘과 색이 나지 않게 볶는다.
4. ❸에 바지락살과 새우를 넣어 볶다가 ❷의 토마토, 토마토 소스 P 019 참고, 조개육수, 소금, 후춧가루를 넣어 끓인다. 끓기 시작하면 리조또쌀을 넣고 약한 불에서 저어가며 익힌다.
5. 육수기 없어질 때까지 볶다가 소금, 후춧가루로 간한 뒤 그릇에 담고 파마산치즈와 다진 파슬리를 올린다.

조개육수는 체에 걸러야 깔끔한 맛 유지

조개육수를 체에 거를 때 육수의 90%만 사용하고 냄비 바닥 쪽의 10% 육수는 버리세요. 그래야 조개에서 나오는 고운 모래와 진흙이 음식에 들어가는 걸 방지하고 깔끔한 육수 맛을 즐길 수 있어요.

> 필라프는 중동식 볶음밥으로 육수에 재료를 익혀주는 요리입니다. 생쌀로 만들면 조리시간이 많이 걸리니 리조또쌀을 사용하세요. 쉽고 빠르게 만들 수 있어요.

포크밸리필라프

리조또쌀(400g), 삼겹살 300g, 새송이버섯 4개, 빨강 파프리카·노랑 파프리카·양파 1/2개씩, 올리브유 약간, 채수 2컵
삼겹살 밑간 올리브유 1큰술, 로즈메리 1작은술, 소금·후춧가루 약간씩
필라프 소스 굴소스·돈가스 소스·데미글라스 소스 2큰술씩, 카레가루 1/2큰술
크림치즈 스프레드 크림치즈 2큰술, 생크림 1/2큰술

1. 삼겹살은 사방 1cm 크기로 자르고 올리브유, 로즈메리, 소금, 후춧가루로 10분간 밑간한다.
2. 새송이버섯, 파프리카, 양파는 사방 1cm 크기로 썬다.
3. 팬에 약간의 올리브유를 두르고 밑간한 삼겹살을 볶다가 삼겹살이 어느 정도 익으면 ❷의 채소를 넣고 볶는다.
4. 분량의 재료를 섞어 필라프 소스를 만들어 ❸에 리조또쌀과 넣어 볶은 뒤, 채수 P 026 채소수프 참고 2컵을 두 번에 나누어 넣어가며 쌀이 타지 않게 약한 불에서 익힌다.
5. 육수가 없어질 때까지 졸여지면 그릇에 담고 크림치즈 스프레드를 만들어 뿌려낸다.

삼겹살은 볶기 전에 허브 향으로 밑간해야
삼겹살은 볶기 전에 밑간을 꼭 해주세요. 밑간을 잘 해야 돼지고기 특유의 냄새 제거는 물론 허브의 향이 고기에 배어 질감 또한 부드러워진답니다.

🟣 꽃게크림소스를 올린 볶음밥

부드러운 크림 소스와 고소하고 담백한 꽃게의 맛을 함께 즐길 수 있는 요리예요. 날치 알의 톡톡 터지는 식감이 식욕을 두 배로 자극해줍니다. 특별한 날 특별한 메뉴로 추천드려요.

밥 2공기(400g), 꽃게 2마리, 날치알 1큰술, 당근·청피망·양파 1/4개씩, 양송이버섯 4개, 다진 양파·다진 마늘 1큰술씩, 올리브유 2큰술, 굴소스 1/2큰술, 파마산치즈 1/2작은술
조개육수(2컵 분량) 바지락 20개, 양파 1/4개, 셀러리 1/2대, 대파 1/2줄, 마늘 4쪽, 월계수잎 5장, 통후추 10알, 올리브유 2큰술, 화이트와인 1/4컵, 물 6컵
꽃게 밑간 올리브유 2큰술, 소금 1/4작은술, 후춧가루 1/8작은술
소스 생크림·조개육수 1컵씩, 소금·후춧가루 약간씩

1. 냄비에 조개육수용 올리브유를 두르고 양파, 셀러리, 대파, 마늘, 월계수잎, 통후추를 넣고 볶다가 해감한 바지락과 화이트와인, 물을 넣고 10분간 끓인 뒤 체에 걸러 식힌다.
2. 꽃게는 등껍질을 벗겨 손질한 뒤 한 마리는 숟가락으로 살만 긁어내어 따로 준비해두고 한 마리는 올리브유, 소금, 후춧가루로 밑간해 180℃로 예열한 오븐에서 15분간 구워낸다.
3. 당근, 청피망, 양파, 양송이버섯은 사방 0.5cm 크기로 썰어 올리브유를 두른 팬에 순서대로 볶는다.
4. ❸에 밥을 넣고 굴소스로 간한 뒤 따로 볶아 준비한다.
5. 팬에 올리브유를 두르고 다진 양파, 다진 마늘, 따로 긁어둔 ❷의 게살을 넣고 볶는다.
6. ❺에 생크림과 조개육수 1컵씩을 붓고 끓이다 소금과 후춧가루로 간해 날치알, 파마산치즈를 넣고 졸인다. 농도가 걸쭉해지면 ❹의 볶음밥 위에 올리고 구운 꽃게를 곁들여낸다.

여럿이 즐겨 더 맛있는 한 그릇

손님 초대에 덮밥과 볶음밥

우리집 식탁으로 손님을 초대한 날에는 이래저래 신경이 쓰이지요. 어떤 요리를 해야 할지, 식사는 어찌해야 할지 고민스럽다면 덮밥과 볶음밥으로 준비하세요. 비주얼부터 맛까지, 어디에 내놓아도 손색없는 일품요리입니다.

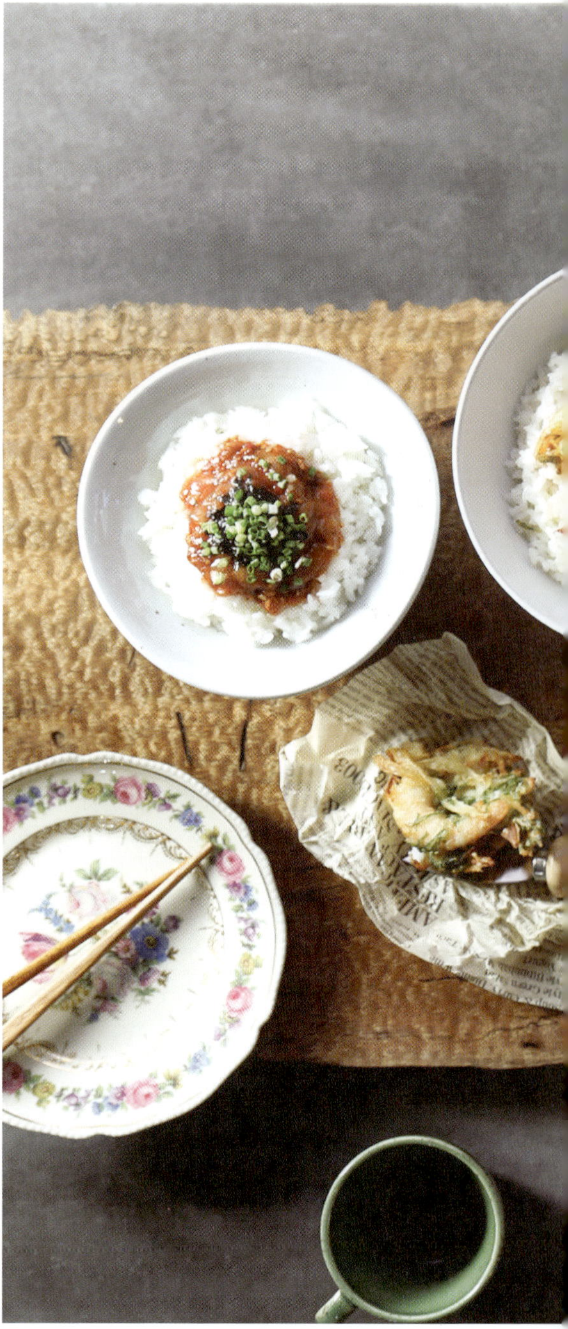

일식
- 소보로함바그덮밥
- 튀김덮밥
- 스테이크덮밥

한식
- 맥적마늘달래볶음밥
- 시골외할머니게장덮밥
- 양배추닭갈비덮밥
- 갈비양상추마요덮밥

양식
- 해물토마토스튜덮밥
- 찹스테이크덮밥
- 탄두리치킨볶음밥
- 바지락잠발라야

중식
- 중식 등심스테이크와 수란덮밥
- 햄카레볶음밥
- 라조육밥
- XO전복볶음밥

113

소보로함바그덮밥

꼬마 손님들을 위한 초대상에 안성맞춤인 메뉴예요. 함바그 맛을 그대로 느낄 수 있어 아이들이 무척 좋아하지요. 채소를 잘게 다져 넣어 채소를 싫어하는 아이들에게 인기 만점입니다. 호박, 감자, 당근 등을 다져 넣어도 좋아요.

밥 2공기(400g), 다진 쇠고기 150g, 양파 1/2개, 치즈 2장, 다진 마늘 1/2큰술, 청주 1과1/2큰술, 올리브유 1큰술, 파슬리가루 약간, 물 1/4컵
쇠고기 밑간 맛술·청주 1/2큰술씩, 소금·후춧가루 1/4작은술씩
함바그 소스 토마토 1개, 데미글라스 소스 5와1/2큰술, 토마토케첩 1과1/2큰술, 우스터소스 1/2큰술, 설탕 2작은술

1. 다진 쇠고기는 키친타월을 이용하여 핏물을 제거한 뒤 맛술, 청주, 소금, 후춧가루를 섞은 밑간에 10분간 재운다. 맛술과 청주를 함께 넣으면 잡내 제거에 보다 효과적이다.
2. 양파는 사방 0.5cm 크기로 잘게 다진다. 소스용 토마토도 잘게 다진다.
3. 볼에 다진 토마토, 데미글라스 소스, 토마토케첩, 우스터소스, 설탕을 넣은 뒤 설탕이 잘 녹도록 섞어 함바그 소스를 만든다.
4. 달군 팬에 올리브유를 두르고 다진 양파와 마늘을 넣고 향이 나면 밑간한 쇠고기를 넣고 볶는다.
5. ❹의 팬에 청주를 넣고 알코올이 날아가면 ❸의 함바그 소스를 넣어 살짝 볶은 뒤 물 1/4컵을 붓고 끓인다.
6. ❺의 함바그에 수분이 자작해지면 밥 위에 치즈와 함께 올리고 파슬리가루를 뿌려 완성한다.

식사에 맥주 한 잔을 곁들이고 싶을 때 추천해요. 튀김이 안주 역할을 하고 밥이 있어 속까지 든든하지요. 튀김을 바삭하게 즐기고 싶다면 덮밥용 소스는 밥에만 살짝 뿌려주세요.

튀김덮밥

밥 2공기(400g),
새우 10마리, 양파 1개,
당근 1/4개, 깻잎 8장,
밀가루 1큰술
새우 밑간 청주 1큰술,
소금·후춧가루 약간씩
튀김 반죽 튀김가루 1컵,
찬물 3/4컵
튀김용 기름 식용유 4컵,
참기름 1/2컵
덮밥 소스 가쓰오다시
1/2컵, 맛술·간장
1/4컵씩, 설탕 1큰술

1. 새우는 껍질을 벗겨 칼집을 넣은 뒤 10분간 밑간해 밀가루를 묻힌다.
2. 양파와 당근, 깻잎은 0.3cm 두께로 채썬다.
3. 볼에 튀김가루와 찬물을 섞어 튀김 반죽을 만든 뒤 ❶과 ❷를 넣고 섞어 적당한 크기로 잡아 튀김옷을 입힌다.
4. 팬에 튀김용 기름을 섞어 붓고 180℃로 온도가 올라오면 ❸을 손으로 잘 뭉쳐 넣어 튀긴다. 튀김이 표면으로 떠오르면 뒤집어 반대쪽도 노릇하게 튀겨 건진다.
5. 팬에 분량의 덮밥 소스를 넣고 끓이다 한소끔 끓으면 불을 끄고 식힌다.
0. 밥 위에 새우채소튀김을 얹고 소스를 곁들여낸다.

튀김 반죽은 차갑게 만들어야 바삭해

바삭한 튀김을 원한다면 찬물을 이용하거나 반죽 속에 얼음 2~3개를 넣어 반죽해주세요. 초보자라면 튀김 반죽이 담긴 볼 아래에 얼음물을 받쳐 반죽을 차갑게 유지시키는 것도 방법이에요.

> 스테이크를 구울 때는 고기를 실온에 두었다 구워주세요. 그래야 속까지 열전도가 잘 되어 고기가 잘 익어요. 접시에 담을 때 위로 향하는 면을 먼저 굽고 자주 뒤집지 않는 것이 포인트예요.

스테이크덮밥

밥 2공기(400g),
쇠고기 스테이크용
300g, 어린잎채소 1/4줌
쇠고기 밑간 올리브유
1큰술, 소금·후춧가루
1/4작은술씩
스테이크 소스 간장 2큰술,
청주·설탕·발사믹 식초·
버터 1큰술씩

1. 스테이크용 쇠고기는 칼로 힘줄을 잘라내고 밑간에 30분~1시간 재운다.
2. 어린잎채소는 흐르는 물에 씻어서 체에 받쳐 물기를 뺀다.
3. 팬을 뜨겁게 달구고 ❶을 구운 뒤 쿠킹포일에 싸서 5~10분 휴지시켜 자른다.
4. ❸의 팬을 약한 불에 그대로 올려 버터를 녹인 후 간장, 청주, 설탕, 발사믹 식초를 넣어 소스를 끓인다. 고기를 구운 팬에서 소스를 만들면 고기의 육즙이 들어가 더 맛있다.
5. 익힌 스테이크는 적당한 크기로 잘라 솔 또는 숟가락으로 소스를 한 번씩 바른다.
6. 밥 위에 스테이크를 얹고 소스를 뿌린 뒤 어린잎채소를 올려 완성한다.

고기의 힘줄은 칼로 중간중간 끊어 구워야

고기는 굽기 전에 살코기 부분과 지방 사이에 있는 힘줄을 칼로 잘라주세요. 고기를 구울 때 휘어지거나 수축되는 것을 방지해줍니다. 힘줄을 제거하지 않으면 질기고 식감이 떨어질 수 있어요.

갈비양상추마요덮밥

• 시골외할머니게장덮밥

• 튀김덮밥

맥적마늘달래볶음밥

'맥적'은 돼지고기에 된장을 발라 재워두었다가 구워먹는 궁중음식이지요.
구수한 된장이 고기 특유의 누린내를 잡아줍니다. 된장 양념에 재워 볶은
돼지고기와 송송 썬 달래가 어우러져 입맛을 끌어당깁니다.

밥 2공기(400g), 돼지고기 목살 200g, 달래 4줄, 마늘 4쪽, 올리브유 1큰술
돼지고기 양념 올리고당 1큰술, 맛술 2/3큰술, 다진 마늘·된장·참기름 1작은술씩,
간장 2/3작은술, 후춧가루 약간
밥 양념 된장·올리고당·참기름 2작은술씩

1. 달래는 깨끗이 씻어 머리 부분을 칼로 반 갈라 줄기와 같이 0.2cm로 송송 썬다. 마늘은 0.3cm 두께로 편썬다.
2. 돼지고기 목살은 사방 1cm나 먹기 좋은 크기로 썬다. 너무 작게 썰면 볶음밥의 식감이 덜하다.
3. 볼에 올리고당과 맛술, 다진 마늘, 된장, 간장을 섞고 참기름과 후춧가루를 더해 돼지고기 양념을 준비한다.
4. ❷의 목살을 미리 만들어둔 돼지고기 양념에 넣고 버무려 10분 정도 재운다.
5. 중간 불로 달군 팬에 올리브유를 두르고 편썬 마늘을 볶다가 양념한 목살을 넣어 목살이 익을 때까지 볶는다.
6. ❺에 밥과 밥 양념을 넣어 밥알이 뭉치지 않도록 주걱으로 가르듯 볶은 후 불을 끄고 마지막에 달래를 넣어 살짝 볶아 완성한다.

바닷가 근처인
외갓집에 갈 때마다
할머니께서 해주던
덮밥이에요.
게장의 살을 발라
양념해 밥 위에
김가루와 올려
쓱쓱 비벼 먹으면
꿀맛이지요.
간장게장이
있다면 색다르게
양념해 식탁 위에
올려보세요.

시골외할머니게장덮밥

밥 2공기(400g),
꽃게 2~3마리(1kg), 실파
4줄, 청양고추 1개, 생강
1톨, 마늘 3쪽, 김가루
1/2컵, 참기름 2작은술,
소주 1컵
간장물 간장 2/3컵,
대추 4~5알, 양파 1/3개,
대파 1/4줄, 다시마
5×5cm 2장, 물 4컵
시골외할머니게장 양념
간장게장 간장 3큰술,
고춧가루 · 올리고당 ·
다진 양파 2큰술씩, 다진
파 1큰술, 다진 청양고추 ·
홍고추 · 통깨 · 참기름
1/2큰술씩, 다진 마늘
1작은술

1. 꽃게는 소주 1컵을 부어 재운다.
2. 냄비에 간장물 재료를 모두 넣고 한소끔 끓으면 다시마를 건지고 중약 불에서 10분간 더 끓여 식힌다.
3. 청양고추는 2cm 길이로 썰고 생강과 마늘은 0.5cm 두께로 편썬다.
4. 통에 꽃게의 배가 위를 향하게 놓고 식힌 간장물과 ❸의 재료를 넣어 이틀 숙성시킨 후 다시 간장물만 따라내 끓였다가 식혀 붓는다.
5. 볼에 분량의 재료를 한데 섞어 시골외할머니게장 양념을 만든 뒤 ❹의 간장게장 살을 발라 양념에 살살 버무린다.
6. 밥 위에 ❺와 송송 썬 실파, 김가루를 올리고 참기름을 더한다.

게장용 꽃게는 소주에 담가 살균한 뒤 사용

살아 있는 꽃게 또는 냉동 꽃게로 게장을 담글 때는 소주를 부어 30분 정도 재워두세요. 게장도 날것이기 때문에 살균이 중요해요. 소주에 재워두면 살균효과와 더불어 비린내를 잡을 수 있어요.

뼈를 발라낸 닭다리정육을 이용하여 닭갈비덮밥을 만들면 간단하면서도 손쉽게 양배추닭갈비덮밥을 만들 수 있어요. 양배추의 단맛이 자칫 무거울 수 있는 매운맛을 잡아주어 맛의 밸런스를 맞춥니다.

양배추닭갈비덮밥

밥 2공기(400g),
닭다리정육 350g,
양배추 3~4장, 대파 1줄,
청양고추 1개, 마늘 3쪽,
올리브유 2큰술
양배추 양념 다진 마늘·
올리고당 1작은술씩,
간장 1/2작은술
닭다리정육 양념 올리고당
3과1/2큰술, 고추장
3큰술, 고춧가루 2큰술,
다진 파·다진 마늘
1과1/2큰술, 간장·맛술·
참기름 1큰술씩, 후춧가루
1/6작은술

1. 양배추는 1cm 두께로 채썰고 대파는 반 갈라 5cm 길이로 썬다. 청양고추는 0.2cm로 송송 썰고 마늘은 0.3cm 두께로 편썬다.
2. 볼에 분량의 재료를 넣고 섞어 닭다리정육 양념을 만든다. 닭다리정육을 사방 3cm 크기로 잘라 양념에 버무린 후 10분간 재운다.
3. 중약 불로 달군 팬에 올리브유 1큰술을 둘러 편썬 마늘을 볶다가 양념한 닭다리정육을 넣어 볶는다.
4. ❸에 준비한 대파, 청양고추를 넣어 익힌다.
5. 센 불로 달군 팬에 올리브유 1큰술을 둘러 양배추채와 양배추 양념을 넣어 살짝 볶는다.
6. 밥 위에 닭갈비를 올리고 한쪽에는 볶아낸 양배추를 올린다.

양배추는 양념해 따로 볶아 넣어야

양배추는 양념해 따로 볶아 주세요. 적은 양의 양념이지만 간이 배어들어 맛의 조화가 좋아집니다. 양배추의 아삭한 식감과 단맛도 더 상승됩니다.

갈빗살에 간장 양념을 해 누구나 좋아하는 갈비를 만들었어요. 양상추 위에 볶은 갈빗살을 올리고 그 위에 마요네즈를 뿌리면 맛있는 갈비양상추마요덮밥이 완성됩니다.

갈비양상추마요덮밥

밥 2공기(400g), 갈빗살 200g, 양상추 3~4장, 마요네즈 2큰술, 카놀라유 · 올리고당 1/2큰술씩, 간장 1작은술, 물 1/2컵
양념 간 양파 · 간장 2큰술씩, 다진 파 · 설탕 · 맛술 1큰술씩, 다진 마늘 · 올리고당 1/2큰술씩, 다진 생강 1/2작은술, 후춧가루 1/4작은술
녹말물 전분 1작은술, 물 1큰술

1. 갈빗살은 키친타월로 감싸 핏물을 뺀 후 1cm 두께로 썬다.
2. 볼에 재료를 섞어 양념을 만들고, 양념의 1/3 분량을 갈빗살에 버무려 5분 재운다.
3. 양상추는 0.5cm 두께로 채썬다.
4. 달군 팬에 카놀라유를 두른 후 ❷를 넣어 중간 불에서 볶은 후 마지막에 올리고당과 간장을 넣어 다시 한 번 볶는다.
5. 팬에 나머지 양념과 물을 넣고 끓이다 부르르 끓어오르면 녹말물을 넣어 걸쭉한 소스를 만든다.
6. 밥 위에 ❺의 소스, 볶은 갈비, 채썬 양상추, 마요네즈를 뿌린다.

양념은 녹말물로 걸쭉하게 만들어 간 맞추기

양념에 녹말물을 넣어 소스를 걸쭉하게 만들어 밥 위에 올려주세요. 밥알 하나하나에 소스가 코팅되어 양상추 때문에 심심할 수 있는 간을 맞춰준답니다.

여러 가지 제철 해산물을 토마토 소스와 함께 곁들여 먹는 요리예요. 밥 대신 스파게티면 등으로 리조또, 파스타로 변신 가능한 메뉴랍니다.

양식 해물토마토스튜덮밥

밥 2공기(400g), 오징어 1/2마리, 새우 6마리, 토마토 2개, 다진 양파 1큰술, 다진 마늘 1/2큰술, 화이트와인 2큰술, 올리브유 1큰술, 파마산치즈 1/2작은술, 소금 1/4작은술, 후춧가루 1/8작은술, 토마토 소스 2컵
조개육수(1컵) 바지락 20개, 양파 1/4개, 셀러리 1/2대, 대파 1/2줄, 마늘 4쪽, 월계수잎 5장, 통후추 10알, 올리브유 2큰술, 화이트와인 1/4컵, 물 6컵

1. 냄비에 올리브유를 둘러 조개육수용 채소를 볶다가 해감한 바지락과 화이트와인, 물, 남은 재료 모두를 넣고 10분간 끓여 체에 걸러 식힌다. 바지락살은 따로 분리해둔다.
2. 오징어와 새우는 손질한 뒤 껍질을 벗겨 1cm 두께의 링으로 자른다.
3. 팬에 올리브유를 둘러 다진 양파와 다진 마늘을 볶다가 오징어, 새우, ❶의 바지락살을 볶다 화이트와인을 넣어 비린내를 제거한다.
4. 토마토는 껍질을 벗겨 씨를 제거해 사방 0.5cm 크기로 썰어 조개육수 1컵, 토마토 소스 P 019 참고 2컵을 넣고 국물이 자작해질 때까지 졸인다.
5. 소금, 후춧가루로 간해 밥에 올린 뒤 파마산치즈를 뿌린다..

해산물은 화이트와인으로 풍미와 잡내 잡기

해산물을 볶을 때 화이트와인을 넣으면 해산물 특유의 비린내가 사라져요. 화이트와인이 없다면 청하나 정종 등 음식과 어울리는 주류를 넣어주면 됩니다.

🟣양식 찹스테이크덮밥

남녀노소 누구나 좋아하는 찹스테이크로 덮밥을 만들었습니다.
컬러풀한 비주얼로 손님 초대 상차림을 빛내주지요. 채소를 미리 잘라
소스와 함께 준비해두면 손님 초대상이나 캠핑 요리로 뚝딱 내놓기
좋습니다. 채소는 남은 자투리 채소로도 대체할 수 있어요.

밥 2공기(400g), 쇠고기 안심 200g, 가지 1/4개, 양파·청피망·빨강 파프리카·노랑 파프리카
1/2개씩, 양송이버섯 2개, 다진 파슬리 1작은술, 올리브유 2큰술, 버터 1/2큰술, 파마산치즈 1/2작은술,
소금 1/4작은술, 후춧가루 1/8작은술
쇠고기 밑간 올리브유 2큰술, 로즈메리잎 2장, 소금 1/4작은술, 후춧가루 1/8작은술
찹스테이크 소스 데미글라스 소스 1/2컵, 토마토 소스 1/4컵, 토마토케첩 2큰술, 머스터드소스·
꿀 1큰술씩

1. 쇠고기 안심은 한입크기로 잘라 올리브유, 로즈메리, 소금, 후춧가루로 20분간 밑간한다.
2. 가지, 양파, 청피망, 파프리카, 양송이버섯도 고기 크기에 맞춰 사방 1cm 크기로 잘라 준비한다.
3. 분량의 소스 재료를 섞어 찹스테이크 소스를 준비한다. 입맛에 따라 꿀의 양을 덜고 뺀다.
4. 팬에 올리브유를 두르고 밑간한 쇠고기 안심을 볶다가 어느 정도 익으면 ❷의 채소를 넣고
소금, 후춧가루로 간해 볶는다.
5. ❹에 찹스테이크 소스 5큰술과 버터를 넣어 채소가 익을 때까지 볶는다.
6. 밥 위에 ❺를 올리고 파마산치즈와 다진 파슬리를 뿌려낸다.

> 컬러풀한 카레밥과 탄두리 소스를 바른 닭다리살의 조화가 일품이지요. 탄두리 소스를 만들 때 케이준스파이스가 없다면 카레가루와 고춧가루를 1:1 비율로 섞어 사용해도 됩니다.

탄두리치킨볶음밥

닭다리살 300g,
청피망 1/2개, 양파 1/4개,
다진 마늘 1큰술,
올리브유 2큰술,
후춧가루 1/4작은술
카레밥 쌀 2컵,
카레가루 4큰술
탄두리 소스
플레인요구르트 2개,
케이준스파이스 ·
다진 마늘 1/2큰술씩,
다진 생강 · 시나몬파우더
1/2작은술씩

1. 불린 쌀 2컵에 카레가루 4큰술을 섞어 고슬고슬하게 밥을 짓는다.
2. 볼에 분량의 소스 재료를 넣고 섞어 탄두리 소스를 만든다.
3. 닭다리의 뼈와 지방을 제거하고 탄두리 소스를 골고루 펴발라 180℃로 예열한 오븐에서 20분간 앞뒤로 구워 한김 식힌다.
4. 청피망과 양파는 사방 1cm 크기로 자르고 구운 닭다리살도 채소와 같은 크기로 자른다.
5. 팬에 올리브유를 두르고 다진 마늘과 청피망, 양파를 넣고 볶는다.
6. ❺에 닭다리살과 카레밥, 후춧가루를 넣고 볶는다. 취향에 따라 닭다리살과 청피망, 양파를 꼬치에 끼워 곁들인다.

닭다리살은 소스를 발라 냉장실에서 2시간 숙성

닭다리살에 탄두리 소스를 펴바른 뒤 2시간 이상 냉장실에서 숙성시켜주세요. 닭고기의 질감이 부드러워지고 소스의 맛과 향이 배어 카레밥과의 풍미가 더욱 좋아집니다.

잠발라야는 미국 남부의 대표적인 쌀요리로 해산물, 소시지, 채소 등을 쌀과 함께 볶다가 푹 익혀낸 음식입니다. 케이준스파이스를 넣어 매콤하고 감칠맛을 더해 손님 초대 요리로도 좋습니다.

양식 바지락잠발라야

불린 쌀 2컵, 바지락 10개, 토마토 2개, 스모크소시지 8개, 셀러리 2대, 빨강 파프리카·노랑 파프리카·양파 1/2개씩, 다진 파슬리 1작은술, 올리브유 약간
잠발라야 소스 조개육수 2컵, 토마토 소스 1/2컵, 월계수잎 2장, 케이준스파이스 2큰술, 다진 마늘 1큰술, 소금 1/4작은술, 후춧가루 1/8작은술

1. 볼에 조개육수 P 027 바지락수프 참고 2컵과 분량의 재료를 섞어 잠발라야 소스를 만든다.
2. 바지락은 해감하고, 토마토는 칼집을 내어 끓는 물에 데친 뒤 찬물에 담가 껍질을 벗기고 씨를 제거하고 사방 1cm 크기로 자른다.
3. 스모크소시지는 잘게 칼집을 넣어 팬에 굽고 셀러리, 파프리카, 양파는 사방 1cm로 썬다.
4. 냄비에 올리브유를 둘러 토마토, 스모크소시지, 채소, 해감한 바지락을 넣고 볶다가 채소가 어느 정도 익으면 불린 쌀을 함께 볶는다.
5. 쌀알이 투명해지면 잠발라야 소스를 넣고 바닥이 타지 않게 잘 저어가며 15분간 익힌다.
6. 쌀이 익으면 그릇에 담고 다진 파슬리를 뿌려낸다.

요리에 들어가는 토마토는 껍질을 벗겨 사용

토마토를 껍질째 요리하면 껍질이 질겨져서 식감이 좋지 않습니다. 또한 토마토가 가열되면서 껍질이 벗겨져 음식이 지저분해질 수 있어요.

• 중식 등심스테이크와 수란덮밥

• 탄두리치킨볶음밥

• 햄카레볶음밥

• 바지락잠발라야

중식 스테이크 소스 만들기 1컵 분량

셀러리 1/3대, 양파 1/8개, 당근 1/10개, 대파 1/3줄, 마늘 2쪽, 데미글라스 소스 5큰술, 식용유 2큰술, 토마토페이스트 1과1/2큰술, XO 소스·굴소스 1작은술씩, 화조유(또는 고추기름) 2/3작은술, 노두유·설탕 1/3작은술씩, 치킨파우더 1/4작은술
닭육수(2와1/2컵) 닭뼈 150g, 대파 1줄, 생강편 2쪽, 물 5컵

1. 냄비에 닭육수 재료를 넣고 센 불에서 끓이다 한소끔 끓으면 약한 불에서 30분 끓여 체에 밭친다.
2. 셀러리는 3등분하고, 양파와 당근은 각각 0.5cm 폭으로 썬다. 대파는 반 갈라 5cm 길이로 썰고, 마늘은 살짝 으깬다.
3. 냄비에 ❷의 채소와 식용유 2큰술을 넣고 채소가 갈색이 나도록 볶는다.
4. ❸에 토마토페이스트를 넣고 갈색이 날 때까지 볶다가 데미글라스 소스 P 017 참고를 더해 덩어리가 뭉어질 때까지 볶는다.
5. ❹에 닭육수를 붓고 육수가 반이 될 때까지 졸인 후 불을 끄고 고운체에 걸러 소스를 준비한다.
6. XO 소스, 굴소스, 화조유, 노두유, 설탕, 치킨파우더를 섞어 완성한다.

중식 등심스테이크와 수란덮밥

화조유로 중국 향을 입힌 중식 스테이크 소스에 수란과 함께 내는 색다른 비주얼의 덮밥입니다. 수란은 소금과 식초를 섞어 끓인 물에 만들어보세요. 모양이 깨지지 않고 잘 만들어진답니다. 끓는 물에 달걀을 바로 풀지 말고 작은 접시에 담았다 조심히 넣는 것도 깔끔한 수란을 만드는 방법이에요.

밥 2공기(400g), 쇠고기 등심 300g, 달걀 2개, 양파 1/4개, 청양고추 1/2개, 파기름 2큰술, 소금 약간, 중식 스테이크 소스 1컵
수란 만드는 물 식초 1작은술, 소금 1/2작은술, 물 3컵
녹말물 전분 1작은술, 물 1큰술

1. 쇠고기 등심은 사방 2.5cm 크기로 썰고 소금으로 간해 팬에 굽는다.
2. 식초와 소금을 섞어 끓인 물에 수란을 만든다.
3. 양파는 4cm 길이로 얇게 채썰고 청양고추도 잘게 썰어 파기름 P 017 참고을 두른 팬에서 볶는다.
4. 중식 스테이크 소스 P 132 참고를 만들어 ❸의 팬에 1컵 붓고 끓인다.
5. ❹에 구운 쇠고기 등심을 넣고 끓이다 녹말물로 농도를 맞춘다.
6. 밥 위에 ❺의 스테이크와 수란을 얹어 마무리한다.

중국 4대 요리 중
장쑤성의 대표
볶음밥을 햄과
카레를 이용해
중국식으로 풀어낸
볶음밥입니다.
카레가루로 물든
노란색 밥이 식욕을
불러일으키지요.
아이들도 좋아하는
메뉴예요.

햄카레볶음밥

밥 2공기(400g),
스모크햄 1/4개,
달걀 2개, 대파 1/2줄,
파기름 4큰술,
카레가루 2작은술,
치킨파우더 1/2작은술,
소금 1/3작은술

1. 스모크햄은 사방 0.5cm 크기로 썰고 대파는 잘게 썰어둔다.
2. 팬에 파기름 P 017 참고 1큰술을 둘러 ❶의 스모크햄을 살짝 볶는다.
3. 파기름 3큰술을 두른 팬에 달걀을 풀어 스크램블에그를 만든다. 반 정도 익었을 때 밥을 넣고 볶는다.
4. ❸에 잘게 썬 대파와 살짝 볶은 스모크햄, 치킨파우더, 소금을 넣고 볶는다.
5. ❹에 카레가루를 넣고 볶아 고루 섞어 완성한다.

**햄은 중간 불에서 볶아야
식감과 풍미가 더 좋아져**

햄은 반드시 중간 불에서 볶으세요. 햄 속 소금의 짠 향과 고기의 고소한 향이 어우러져 식감이 좋아지고 고소한 향이 배가 됩니다. 짭조름한 맛이 군침을 돌게 하지요.

'라조'는 고추라는 뜻으로 고추덮밥이라 불러요. 매콤한 맛과 향이 특징이죠. 바삭하게 튀긴 돼지고기 등심에 고추기름, 굴소스, 두반장으로 맛을 낸 다양한 채소를 곁들여 먹는 일품 요리입니다.

중식 라조육밥

밥 2공기(400g),
돼지고기 등심 200g,
양송이버섯 2개, 표고버섯
·청경채 1개씩, 죽순 1/4개,
청피망·홍피망 1/3개씩,
설탕·참기름·후춧가루
약간씩, 닭육수 1과1/2컵,
튀김용 기름 10컵
돼지고기 밑간 청주 2작은술,
소금 1/6작은술
튀김 반죽 달걀 1/3개,
감자전분 5큰술, 물 3큰술
향내기 고추기름 3큰술,
건고추 3개, 대파 1/4줄,
마늘 3쪽, 다진 생강 약간,
굴소스 1과2/3큰술,
두반장 1큰술,
청주·간장 2작은술씩

1. 돼지고기 등심은 4×0.5cm로 썰어 밑간한다.
2. 양송이버섯은 반 자르고 표고버섯은 0.5cm로 슬라이스, 죽순은 연한 부위로 얇게 편썬다. 청경채는 줄기만 다듬고 피망은 어슷썬다.
3. 볼에 튀김 반죽을 만든 뒤 ❶에 튀김옷을 입혀 180℃로 달군 기름에 튀긴다.
4. 대파는 반을 갈라 2.5cm 길이로 썰고 마늘은 편썰어 약간의 다진 생강과 고루 섞어둔다.
5. 팬에 고추기름 P 017 참고을 두르고 어슷썬 건고추를 살짝 볶다가 건고추가 검붉어지면 ❹와 청주, 간장, 굴소스, 두반장을 넣고 볶아 향을 낸다.
6. ❺에 준비한 채소를 볶다가 닭육수 P 045 참고를 붓고 끓인다. 설탕, 후춧가루로 간하고 참기름을 살짝 넣어 마무리한다.
7. 얼추 끓으면 ❸을 넣고 전분 2작은술에 물 2큰술을 섞은 녹말물로 농도를 맞춰 밥에 얹는다.

튀김 반죽에 달걀을 넣어야 고기가 서로 붙지 않아

튀김 반죽에 달걀물을 넣으면 유화작용으로 고기를 달군 기름에서 튀길 때 서로 붙지 않습니다. 전분 알갱이가 없도록 잘 푼 튀김 반죽에 튀김옷을 입혀 180℃로 달군 기름에 튀겨내세요.

XO전복볶음밥

XO 소스를 이용해 만든 럭셔리 볶음밥입니다. XO 소스는 외국 귀빈들을 위해 홍콩에서 만들어진 소스로 고급스러운 맛과 향이 일품이지요. XO 소스에 전복을 넣어 풍미가 깊습니다. XO 소스로 요리를 할 때는 너무 오래 볶으면 다소 딱딱해지기 쉬우니 재료를 다 볶은 뒤에 넣어주세요.

밥 2공기(400g), 전복 2마리, 대파 1/2줄, 달걀 2개, 파기름 3큰술, XO 소스 2큰술,
치킨파우더 2/3작은술, 소금 1/3작은술, 참기름 약간
XO 소스 식용유 2컵, 가츠오부시 1컵, 알새우·스모크햄 100g씩, 키관자 1개, 쪽파 1/4단,
사천고추 7개, 청양고추 1개, 다진 마늘 3큰술, 굴소스 2와2/3큰술, 고춧가루 1큰술,
소금 1/2작은술

1. 밥은 수분이 없어지도록 차갑게 식힌다. 분량의 재료로 XO 소스 ^{P 017 참고}를 만든다.
2. 전복은 깨끗이 씻어 내장을 제거하고 등에 칼집을 넣고 저민다. 대파는 잘게 썬다.
3. 파기름 ^{P 017 참고}을 두른 팬에 달걀을 풀어 스크램블에그를 만들다 반 정도 익으면 ❶의 밥을 넣고 볶는다.
4. ❸에 잘게 썬 대파를 넣고 볶다가 치킨파우더와 소금으로 간한다.
5. ❹의 볶음밥에 준비한 XO 소스와 전복을 넣고 볶다가 참기름을 더한다.
6. 그릇에 ❺를 얹어 완성한다.

한 그릇으로 즐기는 세계의 밥요리
한입에 덮밥과 볶음밥

2025년 1월 15일 5쇄 발행

요 리	//	김봉경(한식) · 박건영(중식) · 김다영(일식) · 선보성(양식)
요리 스타일링	//	박현희
스타일링 어시스트	//	송미리
사 진	//	박영하 (여름.夏 스튜디오)
디 자 인	//	**eightball studio**
교정 · 교열	//	고영숙
펴 낸 이	//	문영애
펴 낸 곳	//	수작걸다
주 소	//	14243 경기 용인시 수지구 동천동 64
이 메 일	//	suzakbook@naver.com
출력 · 인쇄	//	도담프린팅

값 8,800원

ISBN 978-89-6993-012-5 14590

이 책은 저작권법에 따라 보호받는 저작물이므로 무단 전재와 무단 복제를 금지하며,
이 책 내용의 전부 또는 일부를 이용하려면 반드시 저작권자와 수작걸다의 서면 동의를 받아야 합니다.
* 인쇄 및 제본에 이상이 있는 책은 바꾸어 드립니다.